25

靈·鷲·山·誌
寺院建築卷

總序

開山和尚──心道法師

彷佛初上靈山，轉瞬間已經是廿五個年頭了！感恩釋迦佛創立佛教，為世間留下了遠離輪迴痛苦的妙法以及開啟自在解脫的法門，也感恩諸佛菩薩、龍天護法與法界眾生的護持，靈鷲山才能成為像今天這樣利益眾生的教團、也才能成就與圓滿釋迦佛的度生志業。

當初為了修行，我常往來於宜蘭台北之間，總想在這兩個城市中擇選一處，來興建道場、弘法利生，繁榮地方。由於這個本願，相應了日後在福隆卯鯉山（今之靈鷲山）斷食閉關的因緣。在開山過程當中我們碰到大大小小的困難，也因為這些逆緣，結識了來自各方的善緣，讓我們能夠圓滿的解決各種危機，奠定了日後靈鷲山發展的基礎。

出關後，我一直想辦佛法教育，想讓所有人有更多的機會來體會佛法的切身好處。隨著時代的變遷與生命的歷練，我感覺到作為一個大乘的菩薩行者，在弘法的時候，也應該面對資訊化、全球化所帶來的時代問題；因此我選擇了不同於教界普遍推行的志業，在與第一批十二名出家弟子共同努力下，開始篳路藍縷的一步一腳印，開創靈鷲山這片佛土基業，也完成了世界宗教博物館的建立。

開山這廿五年來，我所做的就是一直鼓勵大眾來學佛，從幫忙解決個人問題、家庭生活的煩惱，到各種困擾人心的疑惑，接引他們皈依三寶；參加法會、禪修等，先使他們對佛法產生信心，然後勸他們發菩提心，讓大眾在感受到佛菩薩的慈悲與願力的同時，能發心救度一切眾生的苦難，進而跟我一起投入利益眾生的志業；然後再從具體實踐的過程中感受到自身能力或願力的不足，進一步自覺的想要深入佛法，這樣，教育

志業就自然推動開來。無論是蓋博物館或是建設華嚴聖山，我都希望弟子們發菩提心、行菩薩道，自利利他、自覺覺他。

時代在變，為了佛法的傳承，我們大乘佛教處在當前這個快速演變的世界，需要有更宏觀的眼界和做法。看看當今的法脈流傳，密乘在國際間蓬勃發展，南傳禪修的完備體系也走出森林、跨入世界而開枝散葉，顯示出佛教的全球性弘化因緣已然具足。我們希望佛教能與其他世界性宗教平起平坐，在全球化浪潮中持續發展，利益眾生。因此佛教教育要能融通三乘，破除彼此之間的隔閡，吸收彼此的優點，呈現出三乘合一的現代佛教風貌。不僅如此，我們更希望現代佛教還要能與世界其他宗教互動、互濟，相互理解、相互對話，共同為全球的和平奉獻心力。這也正是我們靈鷲山佛教教團和世界宗教博物館所肩負的時代使命。

世界宗教博物館從二〇〇一年開館到現在，已成為各宗教間對話的平台，致力於增進彼此的了解與寬容。「對話」甚至成為和平進程的必要條件，我們不只舉辦一系列的回佛對談，也透過宗教對話與合作，積極回應全球性的議題、共同解決眾生的苦難。

回顧過去的種種，更讓我們對未來的方向更加充滿信心與願力。靈鷲山想在接下來的第二個廿五年繼續弘法利生的志業，勢必要更加重視教育體系的推廣以及弘化人才的養成。如何形成一個兼具著三乘經教與禪修實踐的完整教育體系，是我們要積極努力的目標，這部分包含我對「三乘佛學院」和「世界宗教大學」的願景與期待。而近年來，我們積極建設華嚴聖山，是為了將佛法教育以生活結合修行的方式呈現出來，讓一

般大眾於含攝於空間的神聖性當中，體驗到清涼佛法的無所不在，這也是我們對弘法人才養成的具體實踐。

靈鷲山無生道場，一面背山、三面環海，日出日落盡收眼底，在這片洞天福地中，也更能讓人領略因緣聚散、朝露夕霧的遞嬗。廿五載歲月走來，雖難免陰晴圓缺的世情歷練，但是我希望靈鷲山這個團體，能夠繼續作為一個教化眾生的平台，讓每一個跟靈鷲山結緣的人，都能在這裡面有長遠的學習空間與成長機會。

「佛」是我的生命；而我視我的弟子如同我自身；眾生是成就遍智的樂土，是成佛的道場。所以，「傳承諸佛法、利益一切眾生。」將是身為靈鷲人心中永恆的願力召喚。

願與十方共勉！

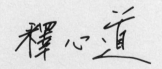

釋心道

西元二〇〇八年七月　於靈鷲山無生道場

編序

靈鷲山開山廿五年，雖不算長，卻經歷了全球化的巨變年代，台灣社會也興起了史無前有的佛教盛況，作為見證當代佛教變遷與發展不可或缺的一部分，靈鷲山佛教教團的出現、成長與茁壯，其所走過的種種心路歷程為何？其所關注的世間志業為何？揭櫫何種法脈傳承影響時代？開創何種弘法作為引領眾生？凡此種種，不僅身為靈鷲人皆應反思自問，同時也是靈鷲山佛教教團作為承接當代佛教變遷與發展的一份子，該交代清楚的時代使命。因此，編纂《靈鷲山誌》成為靈鷲人無可規避的責任。

此套《靈鷲山誌》的編印，是　師父廿五年來弘教傳法的悲心願力總集。從開始構思策劃到落實，從逐年集稿到編輯出版，皆仰賴　師父的加持護念與眾人的心血匯集而成。期待這套書不僅成為靈鷲人的歷史回顧，更能提供學佛人求法向道之明燈，以及發願入菩薩道行者，方便濟世之舟。於此分述各卷特色與編輯重點：

宗統法脈卷：含宗師略傳、法脈傳承、公案珠璣和語錄傳燈等四篇。本卷介紹開山和尚的生平背景及修行事蹟，並包括師父年譜。接著說明靈鷲山三乘法脈的傳承系譜、法脈源流，並詳述其緣起。然後收錄了數十則　師父活潑教化、應機說法之公案珠璣。最後檢選節錄　師父的傳燈語錄。閱讀此卷將神遊覺性大海，一睹智慧豁達無礙之景象，更能發現參禪樂趣之無盡燈。

寺院建築卷：靈鷲山佛教教團的寺院建築包含總本山、分院、全球各區會講堂以及閉關中心。本卷介紹其神聖空間形成之理念與建設過程，並描述建築呈現之美與作用特點。

人誌組織卷：本卷主要是以人誌組織為主，包含現有僧團規約制度、開疆十二門徒記述及僧眾側寫，並介紹多年來護持教團發展的護法幹部以及社會賢達。另陳述教團相關立案組織之功能。

　　藝文采風卷：證悟者對美的呈現是自然流露的，無論是在畫紙上或生活中，都能充分運用美的元素，去呈現真心與純良。此卷收集　師父的墨寶、往來書信函、教內教外友人相贈之文物以及教團祈願文，傳達佛法要旨與菩薩祝福。

　　教育文化卷：教育是一個組織能否永續的命脈，本卷闡述靈鷲山的教育理念——禪為體、華嚴為相、大悲為用，並詳細說明「生命教育」、「環保教育」以及「和平教育」的意涵。另外介紹相關教育與研究機構的現況與發展，以及文化出版志業的概況。

　　國際發展卷：靈鷲山以「尊重、包容、博愛」的信念，開創世界宗教博物館，並以愛與和平走向世界，企盼地球一家、社會和諧、世界和平與地球永續。本卷介紹世界宗教博物館建館前後的記實、靈鷲山的國際發展、與各宗教的交流與合作以及對全球議題與人類苦難的回應，展現著靈鷲山教團對永恆真理與和平渴望的努力與實踐。卷末並摘錄　心道師父近二十年在國際上發表的各項演說。

　　弘化紀實卷：廿五年來靈鷲人與台灣社會脈動同步呼吸，這個社會的憂喜，皆有著來自靈鷲人的喜樂與悲憫。本卷收錄靈鷲山廿五年的大事記與年表，記載教團的弘化活動與感人事蹟，並針對其間的重要事蹟進行深度報導，期望大眾對華嚴聖山的理念，有更深的體悟。卷中並詳述四大弘法——禪修、朝

聖、法會、生命關懷，作為靈鷲人接引眾生學佛與自身精進的
方便法門。

　　這套書前四卷是敘述靈鷲山內部的種種，從宗統、建築到
人物組織和尺素風雅，道盡靈鷲山廿五年來的人事變遷與物換
星移，同時也突顯了靈鷲山之所以出現、成長和茁壯的時代意
涵，及教團肩負的時代使命。後面三卷，從台灣到國際，從佛
法到生活，通過不同的面向，說明靈鷲山的志業如何落實在這
個時代，以及在　師父的慈悲願力引導下，靈鷲人如何在每一
個需要他的角落，體證著大悲願行。

　　至誠感恩三寶加被，龍天護持，得以成就此樁功德，回向
法界一切眾生，普沾法水，共沐佛恩。

釋了意　合十
西元二〇〇八年七月廿五日　於世界宗教博物館

卷序

　　寺院建築卷主要介紹的是靈鷲山的建築。任何地方，最能表達其文化內涵的就是建築，從古至今，從建築即可看出當時、當地生活的演變及重心，中國五千多年的歷史也默默地紀錄在中國的建築特色中，木結構、飛簷、斗栱……不同於西方外顯、壯麗的風格，中國建築有著深厚蘊含的文化特性。

　　在建築史中，宗教建築佔據了極為重要的地位，西方教堂高廣的空間得以讓讚美神的聖樂繚繞而上、從燦爛的玫瑰窗射入的光線則能令人感受到神的召喚，從此處，即可看出西方世界中神與人的關係。同樣的，在中國，最能體現古建築特色的也是寺廟建築，樑、柱、斗、栱等建築特點也多因為寺院之故流傳至今。五〇年代，中國值遇變遷，佛教的發展轉於沉寂，輾轉傳入台灣後，在社會蓬勃發展的因素下，造就了許多重要的佛教團體。位於台灣東北角的靈鷲山無生道場，由^上心^下道大和尚開創，從一片荒山野嶺延展出今日擴及全世界的華嚴聖山。不同於傳統寺院的格局，天王殿、大雄寶殿、佛塔等規制的安排。靈鷲山的建設源自　師父的修證過程：從外雙溪蘭花房的閉關開始，歷經宜蘭破寺、靈骨塔、龍潭墳塚，一次次的搬遷都是為了更催緊內在的修行，一次比一次更絕俗，來到靈鷲山為了尋找一個寂靜閉關的山洞。

　　聖山也就是從這個荒山中的山洞開始。為了護持　師父究竟生死的閉關，山洞旁才有了第一棟建築，材料全部是就地取材。在兩年的斷食閉關之後，　師父從內修轉為外弘，將這份承自佛陀的宏願開展而出，從靈鷲山之巔開始菩薩道的耕耘。在這個險峭的山頂上蓋廟本來就是件極度困難的工程，加上師父維護自然環境的堅持，靈鷲山上的建築具備了與環境融為

一體、小巧、自然的特色。路中間有樹、建築內部有岩石突出都是山上有趣的景色。

在接眾的需要之下，大殿、客堂、齋堂等陸續建成，在這段時期，建築全以當地石材——福隆石為主，穩重、樸實的石材，顯露出的是禪師內在的質樸。時光荏苒，隨著佛行事業的擴展，來山的信眾日增，為了改善空間不足造成的雨水泡飯、無處住宿的窘境，華藏海、聞喜堂等漸次落成。從外觀之，建築風格已與以往不同，呈現出豐富的特色，其內在的原因乃是師父在三乘傳承的完備與融合。從禪的內修、三乘佛法的承接，到整體教法的融會與教授，師父的修證過程清楚地呈現在靈鷲山建築風格上。

山上的建築雖然有所增加，但師父堅持建築與自然融合的理念卻從來不曾改變過，所以即使為了容納更多的信眾，山上的殿堂都還是不大。建築雖然小，所連接的自然環境卻是無限寬闊的空間，位於山頂，坐擁太平洋，海天一色、風起雲湧，大自然正是靈鷲山擁有的最大殿堂。

從靈鷲山再擴展開來，位居山腳的聖山寺、台灣各地區的弘法中心、講堂、乃至海外的禪修中心、佛堂等，都是多年來師父的弘法步履踏過的地方，也是度眾宏願延伸而出的菩薩據點。從開山時期一路走來，篳路藍縷，到今日華嚴聖山的範圍包含了全球各地，這正印證了師父來山之初，對身旁僅有的一個弟子所說過的話：「將來海外的緣會非常多。」

釋法昂　合十
二〇〇八年七月　於靈鷲山無生道場

目錄 CONTENTS

總序　　　　　　　　　　　2
編序　　　　　　　　　　　5
卷序　　　　　　　　　　　8
楔子　　　　　　　　　　　13

壹 寂光寺篇
緣起　　　　　　　　　　16
寂光寺　　　　　　　　　20

貳 總本山篇
靈鷲聖山　　　　　　　　30
　　緣起
　　地理、人文與歷史傳說

無生道場早期建築　　　　34
　　普陀巖、法華洞
　　祖師殿
　　大雄寶殿
　　客堂、藏經樓
　　齋堂

無生道場近期殿堂　　　　66
　　羅漢步道
　　華藏海
　　聞喜堂
　　大禪堂

山門、四大菩薩道場　　　78
　　朝山道路
　　天眼門、十二因緣圖
　　觀音道場
　　觀音殿
　　地藏道場
　　普賢道場
　　十一面觀音

參 聖山寺金佛園區篇

聖山寺緣起	108
生命紀念館	116
金佛園區	118

肆 四大閉關中心篇

緣起	126
緬甸法成就寺國際禪修中心	128
尼泊爾密勒日巴聖窟禪修中心	134
美國科羅拉多閉關中心	138
加拿大溫哥華國際禪修中心	142

伍 靈鷲山講堂篇

講堂緣起	146
講堂組織	148
地理環境	150
佛堂空間、設計	154
壇城與聖像	158
台南分院	162
講堂沿革變遷記事	166

楔子

　　嶔石磋峨、野草及膝的山頂，一位布衣敝屣的年輕僧人負手凝望閃耀琉璃光芒的太平洋，轉身對身邊唯一的弟子微笑說：「這個地方，未來將會度很多有緣人。」

　　弟子抬頭迷惑問道：「師父，我們的緣在哪裡呢？」

　　「在海底裡面，而將來海外的緣會非常多……」

　　弟子睜眼環顧周圍只有一小座簡陋閉關山洞的崖頂，無法想像師父這番話的靈感從何而來，更無法置信十多年後，會從腳下這塊方寸之地，綿延拓展出震動全世界的華嚴聖山……

壹

寂光寺篇

緣起

寂光寺

緣起
——雙溪圓明靈山寂靜

從十方寂寥的蘭花房、來到雷音寺、蛇穴蟻窩盤踞的圓明寺、荒墳累累的靈山塔，寬袍飄飄的年輕行者面對悠悠天地，身心繫念著唯有修行……

一身孤寂的修行者，1974年8月在外雙溪一座蘭花房中，開始離群索居的修行，每日進行十八個小時以上的禪修，在噬人心魄的孤獨中面對自己。「冷冷清清一茅房，孤孤獨獨一個僧；悄悄忘盡苦悲愁，樂在無聲寂靜中。」10月15日的日記中，年輕的行者寫下〈獨僧〉這首詩。

那一年，心道師父26歲。

圓明寺——風聲、蛇穴、蟻窩，念念是禪

隨後於1975年2月，師父來到宜蘭雷音寺，因為附近鐵工廠鏘鏘的機器撞擊聲擾人清修，只待了二十五天便決定離去。接著來到礁溪二結村的圓明寺，古寺荒廢已久，潮濕破敗，螞蟻窩和蛇穴遍佈四處，蛻下的蛇皮在地板、床腳、牆壁裂縫間隨處可見。師父避開蟻窩和蛇穴，刻意不驚動牠們，獨自挑了一個靠近老朽木門的位置打坐，風吹樹動，木門吱吱嘎響，師父卻怡然自得，享受這股不可言傳的寂靜法喜。

圓明寺與墓地、蓊鬱的森林為鄰，經常半夜時分傳來篤篤叩門聲，木門無人自開，破曉才又恢復平靜；師父起初以為有人搗蛋、故意裝神弄鬼，於是一隻手提著大棍子、另隻手握著手電筒，尋著腳步聲裡裡外外找一圈，結果什麼也沒見到。腳步聲、推門聲、風聲、落葉聲、蛇的嘶嘶爬行聲經常來光顧破廟，陪伴師父度過這段日子的，是觀世音菩薩聖號與誓願度眾之心。

每日一餐白米芝麻飯，過午即不食，幾年後，那些眾生似乎也接受師父的存在，不再惡意騷擾行者，「所以他們不再干

1974年，心道師父假外雙溪黃家蘭花房閉關，終日禪坐，參透孤獨。

1976年的莿仔崙靈山塔位處於一片荒山漫草間。

擾，甚至與我們合為一體，在這裡面就可感覺『道』的可貴
了！真正修道者，是人、神都會尊重、歡喜禮敬的，除非你本
身心術不正，那麼常常就會被打倒了。所以從這裡面，我們可
以體會到修行要意志堅定，而且還要有一份慈悲心，那麼人、
鬼、神才能夠接納你。」多年後，師父回憶曩昔破廟修行的歲
月如是說。

　　過了一段日子，來了兩位同參一同作伴，由於圓明寺濕氣
太重不耐久住，他們離開前力勸師父遷往附近另一處修行——
宜蘭礁溪莿仔崙靈山塔。講究隨緣安住的師父，依舊孤身繼續
待了一段日子，直到破廟完全崩塌，連風雨都遮擋不住，這才
搬到圓明寺後的靈山塔。

莿仔崙靈山塔——溫暖如家的白骨地

　　靈山塔附近是亂葬崗，荒涼程度並不亞於圓明寺，這座由
鄉公所搭建的靈骨塔共七層，底層供奉地藏菩薩，並置放不少
骨灰甕，師父住二樓，三樓以上空蕩蕩。整座塔可說是「四大
皆空」，連一張床也沒，師父並不介意，不知從哪裡找來幾塊
木板，拼拼湊湊便成了臨時床舖。由於年久失修，二樓的窗櫺
早已脫落，剩下四個「風雨無阻的大洞」，飄搖的雨夜裡，塔
內成了一片池沼，寒風兼細雨，唯獨塔底無人認領的骨灰甕，
和外頭蓴草間的淒涼蟲鳴相伴；死亡氣息籠罩整座塔，孤寂到
了極點，將人推向生死邊際的內外觀照。

　　1977年年末，師父隨順因緣又遷往宜蘭員山鄉龍潭湖畔墳
場一帶修行。

寂光寺

——寂光如幻塚間頭陀

礁溪龍潭湖畔，搭起了簡陋草棚，「如幻山房」的主人每日於塚間靜坐，以天幕為篷、白骨為鄰，這是師父第一個屬於自己的閉關房……

為了繼續靈山塔未竟的苦行功課，勘破生死無常大關，1977年歲暮，師父毅然遷往宜蘭員山鄉龍潭湖畔，進行下一階段的塚間修。

龍潭湖畔——山僧兩袖無常風

早期的龍潭湖十分荒涼，青山綠水杳人煙、墳塋累累，正是修行的清淨地，為了遮風避雨，師父必須在當地搭建簡單的棲身小屋。1977年，熱心的信眾們共同標了一個會，勉強籌出一筆錢蓋了一間簡陋的茅棚；因長期於塚間修行，遍觀生死，因此師父將草棚命名為「如幻山房」，取「生死無常、如夢似幻」之意。師父親手將鐵絲纏綁綠竹與裁切好的木塊，塗上石灰，搭起一個寒傖克難的竹籬笆大門之後，站在「如幻山房」四個大字的木匾下，穿著一襲寬鬆的衲袍，左手倚竹門，額角上揚，表情似笑非笑，留下了一幀清癯蕭然的年輕僧人剪影。

從此，師父有了平生第一個屬於自己的閉關房。看似弱不經風的簡陋茅棚，幾回疾風勁雨橫掃而過，仍然屹立不搖。

湖畔有一大片墓區，為了方便打坐閉關，隨後又在這兒搭建一間大小僅能容身的關房，姑婆芋、枯竹雜草盤繞小屋四周，簡陋到無以復加。迄今，這間關房依舊佇立在一片蕭蕭竹林中，為師父當年苦修作了最好的見證。

「墓地是一個淒涼、寂靜的地方，簡直就是『斷腸人在天涯』！」師父說，不論美醜、有思想或沒思想，通通都要來到墓地、平息下來，墳場可以讓我們慢慢摸清楚，一個「靜態的自己」跟「動態的自己」，「當我們還沒有經過塚間的修行，思想是非常錯綜複雜的，因為很難冷靜下來。欲望真的是沒趣

1977年底如幻山房落成；山房的大門。

味，可是到了真正沒趣味的時候，那或許才是趣味中的趣味
吧！」。

塚間修，正是這種「識無趣之趣」、「觀無生之生」的絕
佳之地。鏡花水月既然可當道場，荒墳蔓草蕭索處，為何不
可？

靈山塔雖然破敗，至少尚有塔可安身，「如幻山房」的塚
間修，卻是以天幕為篷、露草為薦、白骨為鄰。師父帶去打坐
用的草蓆經常更換，因為總是被大風吹跑，或是看到有人更需
要它時，便慷慨轉手送人，好個以虛空為枕席，「不著世間如
蓮華，常善入於空寂行」的如幻頭陀！

龍潭湖畔、林間墳坡——寂光寺位處的環境。

寂光寺——慕名而來的十方眾生

　　《覺世月刊》報導，有一位行者在宜蘭龍潭湖畔的墳場塚間坐，數年如一日。消息披露後，許多大專佛學社的學生和男女善信，從四面八方蜂擁而來，跟在師父身邊問東問西，這對長年靜默的師父而言是個大挑戰，久不曾開口，一下子要面對這麼多的殷切眼睛和陌生臉孔說話，還真有點不習慣；度眾生無分別心，原來不管是鬼道或人道，都需要絕佳耐心和慈悲對待。為了招呼與日俱增的來訪信眾，不得不搭建起大殿，由於師父曾於一次禪定中，見「常寂光土」四字，故而將新寺命名為「寂光寺」，寺內陳設初具伽藍規模，大殿供奉右臥佛。這段時期，師父才開始正式收納徒眾，眼見皈依弟子日漸眾多，師父考量弟子根器複雜且相異，開始思索教育問題。寂光寺最初的教育方式，並未刻意將僧、俗二眾區隔進行，弟子早晚敲鐘擊鼓，並持〈大悲咒〉為例行功課，其餘時間便是打坐；僧俗弟子於週一傍晚，按例要到寂光寺進行一小時的禪坐，並聆聽師父開示。

　　師父於每日早晚繞潭一周，便來到墓地靜坐，除了誦唸《金剛經》與〈大悲咒〉，復參讀禪宗祖師偈語和《密勒日巴傳》作為每日功課，來印證個人修習心得；其餘時間則鞭策弟

寂光寺今貌。

子禪修,並隨機演教、互相問答。來到龍潭修行的後半期,師父已收寂光、法性、道明三名出家弟子,另外,有李芳裕、李勇、莊潤興、蔡國雄、林竹南、林震興等在家弟子,而在師父斷食閉關期間護持的莊子和、張漢添二位弟子,因為兩人膚色一黑一白,師父戲稱他們是「黑白護法」。

　　師父選擇在觀世音菩薩誕辰,於寂光寺後山壁草寮,開始為期二年的斷食閉關,之後又輾轉遷徙至福隆閉關;這段期間,弟子法性師、道明師隨同至靈鷲山護關,而普通師則承接寂光寺的寺務管理工作,再加上眾多宜蘭弟子無私的協助、護持與奉獻,寂光寺的香火終得以延續不絕。在福隆無生道場開山之初,寂光寺亦有建設的拓展;弟子們在原址大殿旁的空闊地上興建地藏殿,並將寂光寺向後山坡擴建延伸,築起一棟三層樓高的建築,以方便信眾掛單住宿。

　　至今,靈鷲山東區護法弟子仍定期於寂光寺舉辦禪修,雀持其蒼樸古勁之禪風傳統。此外,靈鷲山總本山以及各地講堂、分會組織,有計畫的舉辦年度「尋根之旅」活動,帶領信眾走訪師父早期苦修的各落腳處,感念之餘,更寄望能激勵後進弟子,珍惜寶貴人身,效法師父修行之艱苦卓礪,發勇猛心度眾、行菩薩道。

珍惜生命中的緣

◎口述／心道師父

阿彌陀佛！我十六歲的時候，在關西的「潮音寺」認識了悟禪法師和遠光法師，他們經常東介紹一個法師、西介紹一個法師給我認識。那時我還是軍人身分，很想出家，有位法師就說：「沒關係，今年退伍算了，我去跟你的長官說！」我真的以為只要這麼一說就可以退伍了，所以心裡很高興，結果卻不行，沒有那麼簡單。此後只要一有空，我就跟遠光法師在一起，他看書我打坐，當我睡覺時，他便起來寫東西；當他睡覺時，換我起來打坐。所以我們兩個人雖然睡同一張床，卻是兩個不同作息的生活世界，我不曉得他什麼時候起床，他也不曉得我什麼時候睡覺。

我的修行方式，一直是以打坐為主；而遠光法師的梵唄、書法、音樂素養都很傑出，他的毛筆字很像弘一大師的字，寫得非常漂亮；音樂方面，洋琴、風琴、音樂教學都很不錯。所以，遠光法師成為我早期學習的對象，有樣學樣，我從他那裡學到非常多。平常他接觸的都是大法師、老法師、名師高僧，他把我天天帶在身邊，東跑西跑。他的家族專門經營蘭花買賣，生意興隆，所以我們可以專心修道，不愁衣食。

時機成熟，我決定閉關三年，想要修出大成就，因此請遠光法師幫忙促成。他不大相信我短短三年就能成功，卻說：「你想要閉關三年，好，我護持你！一個月五百元。」

終於，我在他的老家——士林外雙溪順利地開始閉關修

行。結果三年出來，沒有什麼大成就。後來便另尋地點，來到宜蘭再繼續苦修，經濟上一直都是遠光法師的支助，所以我才有今天這麼好的智慧，來供養大家。所以人要惜緣、惜福，緣就是這樣被你珍惜下來。人生旅途中，能夠互相幫助的朋友確實比較少，今生非常難得有這麼好的朋友，能在我抱定修行決心的時候，義無反顧的支持我，讓我在修道裡面得到一份覺受，這都是要善緣具足的。

道心堅固才能證悟佛法

所以大家對修道要去珍惜，像我們當初這麼辛苦去爭取來，才能得到那份體悟，可是現在鞭策老半天，大家卻還不相信佛法，還在懷疑：「這佛法到底是什麼東西啊？沒有感覺！」我當初因為無家可歸才去當兵，那時候只要聽到《心經》、〈大悲咒〉就拼命唸，很有心的去學習、去鑽研，想要對佛法有進一步的體會，想要對生命作一個更深入的探討，但是現代人似乎欠缺這種追求真理的迫切欲望。

從我十六歲開始，遠光法師就看著我一直在打坐，對於「道」的追求，絲毫沒有鬆弛過片刻。「道心」是隨時隨地都要培養的，不是想到它才來溫習一下。所以我希望大家培養這種道心，道心堅固才能真正證悟到佛法、真正悟道，沒有道心就無法品嚐到一種道的芬芳。

〈大悲咒〉的故事

原來師父是修〈大悲咒〉的。

十幾年前，因為弟弟全生的關係，才認識師父。當時師父很年輕，剛苦修完成，還住在龍潭，知道他的人並不多，造訪的人更有限。像師父的「如幻山房」這樣伴有靈山秀水卻少人間囂嚷的清心定氣之地，自然是我這個城市鄉巴佬所樂意親近的。只要一有空，我便往龍潭跑，找師父泡茶談天，天南地北無所不聊，每次離開「如幻山房」回到臺北，我就會覺得自己彷若洗了全套的土耳其浴，從耳根到腳趾無一不清暢。但我們甚少談佛法，我不太問，他也不主動提起，所以我對他的修行是不瞭解的，可以說是完全不瞭解。

那一天，我抵達時已經是傍晚了，師父像是早料到我會去似的，立在小徑前等我。夏天熱，我們倆漫步到湖邊吹風，一陣潮風迎面而來，我忽然有一股想高歌的衝動，是了，不是一直想學〈大悲咒〉的嗎？何不請教師父，出家人多少總有點研究吧！

「師父，我想學〈大悲咒〉，市場上賣的〈大悲咒〉帶子，哪一家唱的比較好？」我問。

師父沒答腔。

「師父，每一家配的樂器都不一樣，配哪一種樂器比較純正呢？」

「晚飯後，到街上去買卷空白帶！」過了好一會兒，師父才牛頭不對馬嘴的回了一句。

我覺得怪沒趣的，師父不曉得又在玩什麼禪機。不過，我還是買了。

晚上，我們坐在屋外的石凳上乘涼，九點多，師父突然跑進他房裡抱了些東西出來，有木魚，還有錄音機。怪怪，師父還有這等寶貝，竟然連這些玩意兒都搬出來，我真的搞迷糊了。只見師父逕自在石凳上坐定，架好錄音機，然後閉起雙眼，一臉認真的敲起木魚，也不理我。半晌，隨著規律的木魚聲，〈大悲咒〉的咒文開始一字一字從他的口裡流洩而出，速度非常的緩慢，就像幼稚園老師在教稚子們唱兒歌似的，字字清楚且不含糊。然後，一遍一遍的加快速度，從一開始的吟誦唱到劉鶚〈王小玉說書〉的大珠小珠落玉盤，就這樣中間毫無間斷一氣呵成唱到深夜。我聽得傻了眼，少了電子樂器與各式法器伴奏的陽春〈大悲咒〉，竟然唱得我通體清涼，猶若醍醐灌頂！尚未回神，師父已起身，從錄音機裡取出帶子交給我。

「希望對你有幫助。」師父說完便回禪房。我望著他的背影鵠立了良久，師父究竟是什麼樣的人呢？

在一次偶然的機會裡，我才知道……

◎故事／林震興

貳

總本山篇

靈鷲聖山

無生道場早期建築

無生道場近期殿堂

山門、四大菩薩道場

靈鷲聖山

原名「茖蘭山」、「鷹仔山」的靈鷲山，在那沒有燈塔守護的年代，山巔上飄著吉祥神火，成為附近討海人的守護神……

● 緣起

師父首度在外雙溪蘭花房閉關，感受的是純然的孤獨闃寂；莿仔崙靈山塔時期，遍觀生死讓他深入禪定三摩地；如幻山房時期，讓他瞭解人事紛紜是道心毅力的修煉場；接下來所面臨的，則是如何凝聚內在、滅除粗糙的思想與細微疑惑。

日中一食，已經成為師父每日的飲食習慣，斷食則是持續間斷進行著。由於來訪的人群逐日增加，師父的斷食作息受到干擾，不得已只好毅然離開待了四年的如幻山房，接下來的六個月借住於員山周舉人古堡。在員山，師父插上了宇宙能量的源頭，將般若智圓滿地與空性結合無礙。

為了勘破究竟生死，1982年師父決定要長期斷食，因此選擇適當的斷食閉關處所，成為當下最迫切要解決的問題。

來山因緣：斷食閉關

師父來到靈鷲山閉關以前，已經有將近十年的閉關經驗，師父很含蓄的說：「在圓明寺時只是練腿，在靈山塔時是調伏其心，在如幻山房時是在禪定上下點功夫。」因為行持難行能行的「頭陀苦行」，在清淨苦修的寂寥日子中，法樂卻遍滿了閉關中的歲月。為了進一步體驗「法我平等」深湛禪理，因此計劃中的閉關就在因緣和合下，經由住在福隆的信徒阿惠居士的帶領，在福隆「茖蘭山」的山頂一帶找到適合的岩洞，可作為長期斷食的安頓處，這就是後來眾所皆知的「靈鷲山」。

1983年，心道師父初至福隆莅蘭山於麒麟巖下之坐姿法相。

• 地理、人文與歷史傳說

福隆「靈鷲山」的原名是「荖蘭山」，或稱「卯貍山」、「卯貍尖」；「卯貍」即果子貍，顧名思義，果子貍經常出沒此山。除此之外，早期的在地人也稱呼它為「鷹仔山」，或「鳥嘴山」，以山上經常有老鷹盤旋，並且有很多奇偉尖峭的鳥嘴型岩石之故。

當師徒一行人初抵荖蘭山時，前山的「拱南宮」與山腳下的「聖山寺」二座寺廟已建成多時，除此之外全山並無其他民屋。傳說中，此山居住者非仙即佛，一般人無法居留於此地，所以長期以來整座山杳無人跡。日治時期，居民常跑到山腳附近躲避空襲；日治末期，因政府控制糧食，百姓為求溫飽才開始逐漸上山私墾農地，並出現上山狩獵的零散獵戶。

山巔上的吉祥神火

自古以來，圍繞著荖蘭山的傳說不斷，如今定居在沿海附近的老一輩人，只要聊起關於此山的傳說異象，話匣子一開便滔滔不絕，曩昔的聖山神火栩栩如生……

在那沒有燈塔守護的年代，附近的討海人經常在荖蘭山周邊海岸撒網撈捕，漆黑如墨的海域上，漁夫們依稀見到遠方的鷹仔山頂飄動成團成簇的紅色火光，討海人將它視為夜間的燈塔，冥冥中指引船隻不至迷失方向——那就是「出火」現象，捕魚人的大海守護神，只要見到「出火」，當天的漁獲量必定豐盛。

祖師殿一旁的鷲首石，昂首蓄勢、沖天待發。

　　《楚辭》：「神光兮熲熲，鬼火兮熒熒。」杜甫的〈玉華宮〉：「陰房鬼火青，壞道哀湍瀉。」火有陰陽之分，民間傳說中，鬼火碧綠且顏色偏色暗；神火呈紅、黃二色，光耀四方。鷹仔山頭的火為神火、祥瑞之火，每隔十二年，福隆當地的道觀都會上山舉辦「請火」儀典；這座山一直是附近居民心目中的「聖山」，在榛莽未開的年代，冥冥中護佑著山下百姓的生活衣食。

　　「鷹仔山」海拔將近四百公尺，此處之地理環境、山勢走向，和遠在印度的靈鷲山十分酷似，兩座山都位居國土東北方，同樣擁有尖如鳥嘴之巨石；師父有感於此山之殊勝因緣，心知日後此地必將成為轉法輪地，因而將鷹仔山另取名為「靈鷲山」，以彰顯「承接釋尊妙法」之意。

　　山不在高，心誠則靈，如今這座濱海道場，已成為全國善男信女的心靈依託處，也是大小乘、金剛乘佛法三水匯流、花開見佛的廣結善緣地，甚至各宗教的領袖，都不約而同從千里外來訪，歡喜心與大悲願力遍滿了山門前的每一寸土地……然而十幾年前，這兒只是一片草莽山林、乾淨空蕩的海水雲天。

無生道場早期建築 (1983~1995)

麒麟巖下出奇人，祖師殿沒用到一根鋼筋，臺灣第一尊左臥佛、天龍八部是常客，師父出關日，大殿前巨石上隱現「吽」字……數不完的奇人奇事奇山，成就了無生道場的殊勝清妙！

● 普陀巖、法華洞

靈鷲山的開山，可追溯自師父在「法華洞」穴居閉關為起點；然而當初心道師父離開員山周舉人古堡後，為了尋找閉關的山洞，1983年首先來到的卻是靈鷲山上的普陀巖。

觀音道場普陀巖

靈鷲山上，一般的羊腸小徑僅能通達到拱南宮，至於位於更高險處的普陀巖，則地處荒草雜林間，完全無水電設施，蛇鼠蟲蚋盤生。普陀巖與拱南宮，原本皆為當地的同一戶人家所籌建而成，其中拱南宮供奉呂洞賓，而普陀巖則供拜佛祖與觀音菩薩。當地耆老曾說，拱南宮初建時，上至普陀巖附近的工程便屢屢無功而退，難以進行，廟公於是起乩問神，神明指示：荖蘭山之地脈經海底與浙江普陀山互相貫通，相連一氣，因此，荖蘭山即為觀音之道場。

心道師父及隨侍的悟性師，來到了福隆的荖蘭山之後，於1983年5月下旬遷入普陀巖山洞，當作短期閉關禪修的歇腳處。由於無錢供奉佛像，權宜之計，師父便以石板為供桌，另外在木板上寫著四大天王、韋馱菩薩之名，每日用清水供養，日子在山風冷雨中颯颯而過。

普陀巖是地方性廟宇，不時有香客來訪，而乩童三不五時來此起乩作法，進進出出十分吵雜，再加上夏天嚴重缺水，因此不到四個月，師父就得另尋清修地點。

值得一提的是，雖然在普陀巖僅僅停留了短暫數月，然而

師父長期以來割捨不掉、繫心相融的法要，卻在此刻脫落形
骸，心境猶如大雪初霽、雨散霞出的朝晨，一派的清風朗日，
瀟灑自在。

普陀巖洞內部一隅。

向陽福地法華洞

　　為了尋覓更適合閉關之處，弟子道明師專程返回宜蘭寂光寺，跪在大殿前求菩薩。就在這焦急萬分的煎熬下，道明師冥冥中福至心靈：照理說如此多奇岩巨石的山勢，應該在別處另

法華洞洞內景緻。

有洞天才對。於是便重新返回福隆靈鷲山，耐心的摸索探查，果然發現了面海向陽的「法華洞」。

原始的崖洞，只不過是山壁間很淺的縫隙，乍看之下，這個活穴還比較像一面懸崖峭壁，而且地勢險峻，必須從上面的鳥嘴石向下小心攀爬，學猴子一樣抓住崖壁上的樹根和野藤，才能安然抵達洞口。眾人將巨石下的碎石爛土清理之後，居然發現崖洞底部的地洞可直通海心，海潮伴隨陣陣涼風由下直衝上溢，成為天然風扇，使得洞內四季清澈沁膚。弟子們看到此洞歡喜自然不在話下，紛紛捲袖抬石頭把洞內上下四周填平，並且將石壁架牢固定住。

能夠順利尋覓到「法華洞」，這一切應該是護法菩薩有感於苦修行者的精進毅力，而暗中指引，才能讓眾人撥雲見日，攜手齊心闢出一座洞天福地吧！

1983年的中秋，師父遷入法華洞繼續進行嚴酷之長期斷食。山上蚊蟲甚多，毒蛇更不少，在閉關前三日，有兩條百步蛇梭巡洞中相伴護持，人蛇對望安然無事，或許是行者的慈心，抑或是護法守護之龍天示現。

比起平地的舒適和飲食採買方便，山中巖洞的基本生活所需自然艱困刻苦多了，往往捉襟見肘。每當白日將盡，弟子們就要為明日的開銷傷神，每一份支出都要小心翼翼，箇中辛酸難以言傳。然而大夥縱目四眺，但見滿天彤雲氣象萬千，映照海面煙靄四合，五彩流光貫徹天地幽明，大開大闔的山海磅礡靈氣，猶如天龍八部在海天交會處逐浪盤舞……是這一份來自天地的清明浩然之氣，化解了眾弟子們心頭千鈞重擔，不斷支撐著大夥咬牙挺過每一日，堅持要護守師父的崖洞苦修。

祖師殿中供奉之「西天東
土禪宗歷代祖師」聖位
（上圖）。

庭前柏樹子：摘自禪門
《無門關》。趙州因僧
問：「如何是祖師西來
意？」州云：「庭前柏樹
子」（中圖）。

祖師殿內設有祖師籤，提
供來山信眾抽籤解惑。祖
師籤的靈感來自祖師大德
的加持，還有祈求者的虔
誠，「一念真誠，感應道
交」（下圖）。

● 祖師殿

逐漸地信眾慢慢增多了，為了護持師父生死決斷的閉關，以及讓大家有個遮風避雨的地方，無論如何必須想辦法在師父的閉關山洞旁搭建一間房子，這就是祖師殿的由來。

　　一群窮弟子東湊西湊到處張羅，想盡辦法將一塊錢當二塊錢用，因此祖師殿的建材盡量取之於山林，放棄紅磚而改採糯米加上砂土作為黏合劑，一塊一塊石頭堆砌而成，整座殿沒用到一根鋼筋。如此自然而不雕飾的風格，從此便相沿承襲，成為山上的建築風格，日後山上陸續增建的寮房、甘露軒、雲來集等，完全不見任何飛檐斗栱、照壁望柱、龍鳳浮雕的奢華裝飾物。師父說，山上的每一棟建築，都是大自然的一部分；樸素自然，就是它原本的呼吸韻律。

　　祖師殿終於在1984年初大功告成。此時，師父依舊在法華洞閉關苦修，弟子們則暫住「祖師殿」輪流護關，殿內一邊是女眾寮房，另一邊是男眾寮房，中間則是禪堂。食物和山上用水問題，仍然困擾眾人。山區的夜晚通常比白天更喧鬧，蛇與小蟲經常每夜固定報到，在房屋內外遊竄。然而更讓人神經繃緊的，卻是如影隨形、揮之不去的濃厚濕氣，每當眾人睜著惺忪睡眼醒來，夜裡躺過的地面，不知何時已聚水成灘，景象十分駭人！種種難關，考驗著眾弟子們的道心毅力。

　　祖師殿內正中央供奉著「西天東土禪宗歷代祖師聖位」，以此表示對佛陀及禪宗歷代祖師之感恩與法脈傳承。此外，佛桌上另有一塊其貌不揚的木頭，它來自中國大陸河北省趙縣的

雨後的小殿。

禪宗祖庭——柏林禪寺。柏林禪寺建於東漢末年，已有
一千七百多年的歷史，西元2000年7月曾邀請師父前往擔任第
八屆生活禪夏令營的導師，並教授禪修；在活動結束時，柏林
禪寺贈以刻有「庭前柏樹子」的木頭一截。師父歸國後，將之
供於祖師殿佛桌上，與殿中供奉的禪宗祖師聖位互相輝映，參
禪對機似的述說著祖師西來意。

臨山看海兼賞湖

祖師殿是師父最喜歡駐足的地方，空間雖然很小，只消十
來個人就會把殿內擠得水洩不通，但師父卻依然怡然自得，他
常說：「坐在這裡，不論多久都坐得住！」殿外經過整理闢出
的小空地，同樣也是師父經常流連之處，閒來無事坐在殿外石
階上，抬頭看到的是一塊形狀酷似鷲首的大石，造化天工，唯
妙唯肖，不論從哪個角度看起來，都像極了印度靈鷲山上的鷲
首石，彼此彷彿是對方的倒影。

向前俯眺太平洋，一杯清茶在手，時間的腳步似乎也在石
徑兩旁低首垂眉，參坐冥想。師父說：「從這個角度隔著草叢
望出去，被草叢包圍的太平洋，看起來就像是座湖一樣喔！」

原來在靈鷲山上，不僅可以看海，還能夠賞湖。

1984年祖師殿啟建完工之後，仍處於閉關中的心道師父常於此與弟子開示晤談（上圖）。

祖師殿外環境寧靜清爽。傳聞早期，大眾在此處禪修時，偶可看到飛龍在前方海面天空曲折盤桓、上下嬉耍（下圖）。

最後一條蕃薯

早期，弟子道明師的修行以念佛為主，後來師父教他持誦〈大悲咒〉，在這段期間他的感受良深。

那時候，大夥真是窮得很適合斷食閉關，而平常負責煮飯的道明師，某一回在僧眾進行連續七日的斷食，將所有能吃的東西，包括廚房最後一條蕃薯也煮來招待來山的信眾。當七天斷食圓滿後要開始復食，居然全山找不到任何可以吃的東西！結果只好委託別人下山去買一些麥片回來，才暫時解救了無米之炊的窘境。

◎故事／宗浩整理

• 大雄寶殿

祖師殿的空間十分有限，為了接引來自四方的廣大善緣，另闢一座較具規模的正殿是必然之舉。眾人商議的結果，決定在「麒麟巖」的前方蓋一座大殿。

「麒麟巖」背山臨海，由於整座山壁岩塊的外貌肖似麒麟而得名。麒麟，是傳說中的上古仁獸，似鹿而大、額上獨角、牛尾馬蹄、全身披鱗甲，百年難得一見，現身必伴有祥瑞吉慶。「麒麟巖下出奇人」，相傳鷹仔山的麒麟巖為山海靈氣所蘊聚，將來必會有一位奇特的大修行人在此地成就。許多道教廟宇十分青睞這塊風水寶地，奇怪的是任何人想在此地蓋廟，到頭來都因為莫名因素而白忙一場。正所謂福地福人居，麒麟巖似乎專程等候師父的來到。

空有好風水，然而沒有經費怎麼蓋房子？眾人紛紛低頭詢問，師父究竟有多少個弟子可幫忙？法性師於是拿出那本翻爛的本子，精挑細選下來也湊不到幾十個，師父見狀便說：「那就常去化緣吧！」師父直到1985年出關後，才經常走訪臺北，在這之前都是法性師負責籌措大小雜費開支。當時常來山上走動的，有道明師的女兒阿鑾師姐、同修會的游正華老師、住在永和的吳家樑、黃墩岩，以及寂光寺的信眾等人，他們都是早期建廟的英雄，出錢出力，功不唐捐。

然而無木不成舟，要建造大殿的費用並非一筆小數目，當眾弟子們正在傷腦筋時，救星出現！師父住在宜蘭的弟子善通師的大媳婦來到山上，對方得悉大殿籌建正缺錢，二話不說，

2007年底大殿修繕前之原貌。

馬上答應將平日省吃儉用積存下來的四十萬供養道場。這位女
善信事後解釋原來這段日子她屢屢夢見一座外型迤長的廟宇，
有人在寤寐中指點她要佈施建廟。

從空中掉下來的賀禮

想要在海拔三百八十四公尺，毫無車輛行駛道路的峻嶺上
搭建一間正殿，是十足艱鉅的工程，因為所有建材都仰賴人力
徒步扛運上山。

師父原本就喜歡石頭的天然材質，加上兩袖清風，化緣募
來的錢十分有限，頂多支付基本工程款，多出來的高昂建材搬
運費，就顯得心有餘力不足了。由於福隆一帶的舊房子多半是
石屋，石頭可以在附近山區覓得，並且結實牢固、防火耐震。
徵詢過多位有經驗的土木師父後，大夥都贊成石屋結構最適合
山上正殿，除了就地取材、節省許多材料費和搬運費之外，並
且完全不會破壞周遭山林水土環境，正殿與背後的麒麟巖一氣

眾人善加利用環境中的天然石材，建造出靈鷲山獨特的道場建築。

呵成，房子就是大山母體的一部分，既環保又美觀。

商議已定，大殿初步施工步驟是：先覓石材，然後將基地鋪設好，最後再以混凝土填封石塊縫隙砌出牆壁。在尋找大殿石材的過程中，發生一則趣事：麒麟巖後方崖壁上，有兩塊大懸石突聳而出，搖搖欲墜十分棘手，幾番討論，是否應該將它移開或固定住？尚在猶豫之際，結果沒過幾天，一陣驚天動地巨響之後，大懸石自動崩落，好端端地墜落在正殿基地中央的磐岩上方。眾人大喜過望，巨石不早不晚來得正是時候，剛好就近取材，擊成碎塊來蓋大殿。

麒麟拱月——無生道場大殿美麗的夜景。

基地中央有一塊與地脈相連的巨石，師父囑咐要保留下來，於是大殿便座落在巨石和麒麟巖中間的空地上，以石為界，巨石的另一側，便是大殿前廣場。這顆保留在大殿前方的巨石，在二十多年後，再次見證了師父的閉關。

臺灣第一尊左臥佛

　　「無生道場」與山水非常有緣，法華洞面海向陽，大雄寶殿也是倚山望海，在臨海山巔砌一座石殿，十分契合師父的風格，他堅持「建築要活在大自然裡」的原則，建築物材質的良窳尚屬其次，人工設施是否能尊重大自然、和萬物愉悅共鳴才是重點，「建築是自然的一部分，不是要改變自然。」師父的堅持始終不變。

　　1984年農曆6月19日，觀世音菩薩成道日，靈鷲山的「大雄寶殿」終於落成，放眼全臺灣佛教界，這恐怕是規模最小、也是最天然樸實的大殿。經常發生這樣的趣事：首次來到山上的人，往往站在大殿前詢問：「請問大雄寶殿在哪裡？」「不就在你後面嗎？」這些人轉身一看，不禁莞爾：「喔，從來沒見過這麼迷你的大雄寶殿！」

　　大殿高僅一層，緊依崖壁，牆面亦為福隆石所砌，木頭樑柱頂托赭紅色簷瓦，灰石紅瓦，醒目又素雅，進入殿內，迎面便是一尊雙目半閉微笑的左臥佛。一般人的印象中，涅槃佛是採取右臥姿勢，為何靈鷲山大殿內的臥佛是左臥呢？其實這與整體的地理環境平衡感有關，如果是右臥佛，那麼從佛像的角度向前望出去，剛好會被門口前側的小土丘遮住視線，眼界就狹窄多了；如果換成左臥佛，那就無遠弗屆、暢通無礙了！

開山臥佛聖像。

自大殿後方麒麟巖滲流而下的山泉水，終年不斷，甘甜潤口，含氧量高，富含礦物質。流出之泉水猶如觀世音菩薩手中甘露瓶出水一般，於是將之引入殿內，經法師持誦大悲咒加持，成為靈鷲山聞名的大悲水。

「凡所有相，皆是虛妄；若見諸相非相，即見如來。」佛陀在《金剛經》裡明白昭示；《涅槃經》中，世尊也曾以左臥姿預示將入涅槃。丹霞燒木佛取舍利，燒佛者誰？舍利安在？佛入涅槃，左臥者誰？右臥者誰？大殿安置全臺灣第一尊左臥佛，深入思考，其實這與師父的修行、教育理念息息相關：禪的教育方式，就是破相到底，如此方能不執著世間一切法，達到不繫法塵、不拘法相的自在境界。

此外，禪能啟發般若智慧，所謂啟發就是透過「問問題」，如果你不會發問，那麼我就丟一個問題給你。所以一般人初次來到大殿，總會問：「奇怪，佛像怎麼會是這個樣子？」

大殿剛完工之際，山上尚無電力供配，僅能以微弱的燭火照明；當臥佛從山底被扛運至大殿途中，山上才首度正式通電，剎那間燈火齊明，照耀一山的岑岑暗夜。

為了替大殿開光，師父特地請來十八羅漢洞的修學法師，以及師父的師兄——峨嵋山道場的從智法師等前來，六百位信眾齊聚一堂，大家歡歡喜喜見證了靈鷲山的大殿慶典，並看到師父即將投入弘法的赤誠願心。開光首日的供養金，不多不少，恰好可以償付施工期間積欠的工資，法性師總算解決了燃眉之急；而佛法的聖火，也從臺灣東北角緩緩向海天之際輻射而開……

開山早期，心道師父於大殿中為大眾開示一景。

無生，就是本來面目

　　無生道場本名為「不動寺」，經過法性師提議，才改名為「無生道場」。因為「無生」就是安住實相的本來面目，師父一路輾轉來到靈鷲山，體驗最深刻的就是「無生之生」──諸佛已超越生死輪迴，然而為了救度眾生，乃無生而生，這是佛的悲心願力使然。

　　師父常說：「高高山頂立，深深海底行。」此處有山海之磅礡大氣，靈秀天成，很適合淬勵道心，作為佛法種子培孕的搖籃。山風海雨本無塵，無生之生既是響自彼岸的晨鐘，也是火宅人生裡的清涼暮鼓。師父期許「無生道場」將是弟子們滋養道心的充電地，福隆的靈鷲山必然成為涵攝一切佛法、轉無相大法輪的靈山聖地。

為何修行人像蘭花？

　　「無生道場」的大殿空間雖小，用餐過後，卻經常可見到師父帶著僧俗弟子們繞著臥佛而行的肅穆身影，並聽到師父指著牆上所掛的七佛通偈，逐一為弟子們解說的悠揚法音。臥佛左側為一排排馨香四溢的酥油燈，右側則為約三坪大的和式禪堂，其木板地面略高於大殿之水泥地面，這兒曾經是許多大修

行者宣說法教之處，也曾經是無數個狂風暴雨的颱風夜，師父與全山弟子們的聚集之處。記得某次颱風過境，使全山電力中斷，一切手邊工作暫時停擺，大眾卻因此多出了一個向師請法之夜。還記得師父問：「為什麼修行人像蘭花？」這個問題，深深印拓在弟子們心坎中，同樣地也縈繞在大殿的歷史扉頁之中……

走出大殿，倚著廣場前欄杆向前望去，山勢如同一隻靜待振翅高飛的鷲鳥。夜幕低垂，月光散發著圓潤的柔光，從墨藍色天宇灑下清涼如雨般的星光，斜倚在麒麟巖上，聆聽從殿中傳出的悠揚鐘鼓聲。海面上漁火燐燐，夜晚的天和海是兩座相對忘言的蒲團，此刻的山巔最是寂靜。

瘦長古樸的大殿，陪伴道場走過二十多個年頭，多年來大殿內點燃的祈願酥油燈，廣大靈驗遠近馳名，使得殿內酥油燈終年不熄。師父常笑說，這麼多年來大殿還沒有被燒掉，完全是佛菩薩的保佑！但鑑於高溫對於木質屋樑造成的威脅，2007年底大殿重新全面修繕，並命名為「開山聖殿」。而守護了靈鷲人二十多年的左臥佛，也在此際遷移到大禪堂預定地的旁邊，在一片榛狂未開發的森林中，微笑靜待下一階段的有緣眾生。

而供奉於臥佛前方的千手觀音及四大天王，也於2007年7月道場二十四週年慶時，遷移至「華藏海」，由「華藏海」大殿承擔起無生道場的大雄寶殿職責。預計於2008年修繕完畢的開山聖殿中，將供奉來自泰國的臥佛，此尊臥佛原本是供於泰國「僧王寺」內殿中，僧王寺內殿一般人無法進入，唯有泰國王室與僧王等人方可入內。2003年10月初，師父原本預定到泰

開山左臥佛現今供奉於大禪堂旁之臥佛殿。

國「珠拉隆宮大學」演講，其後改至僧王寺本屬大學，對研究所學僧演講關於當代宗教交流的重要性。演講完畢，由僧王寺代表引領師父參觀寺內各處建築設施，當前往內殿禮拜臥佛時，師父一見便非常歡喜，回國後仍念念不忘，一直到2007年靈鷲山朝聖團再度前往泰國，祈請僧王允許鎔鑄此尊臥佛像，方得到僧王的慷慨允諾，將成為靈鷲山開山聖殿的臥佛。

巨石上隱現的藏文「吽」字

　　寂光寺時期，心道師父始與金剛乘佛法結緣。1982年，藏傳佛教噶舉派的創古仁波切來臺弘法，向寂光寺借鐘，師父與仁波切首次晤面。同年，心道師父和「諾那華藏精舍」的錢浩上師會面，上師授以「辟穀法」，以及斷食修法的細節、煉製

2008年，寧瑪噶陀派莫札法王首次來山參訪；法王並於大殿前之巨石提字。

百花丸的方式等，促成師父後來的斷食閉關因緣。

　　2007年，師父在十多年四處奔波弘法後，再度閉關一年。出關時由藏密派系寧瑪派的噶陀五大黃金法台持有者莫札法王，親自在開山聖殿剃髮為師父，象徵了藏密法系的直接傳承。剃髮當日，法王見殿前的巨石上隱隱浮現藏文中，象徵萬有生命潛藏生命發生的種子字「吽」字，於是親筆在石頭上描出了這個殊勝無比的「吽」字，為靈鷲山的軼事又添一筆。

　　根據《理趣釋重釋記》記載：「吽字者因之義，因之義者謂菩提心為因，即一切如來菩提心，亦是一切如來不共真如妙體，恆沙功德，皆從此生。」空海大師曾言：「吽」字具有擁護、大力、能滿願、自在能破、等觀歡喜等內在涵義。唐朝一行禪師更說：「真言難思議，觀誦無明除；一字含千里，即身證法如。」

　　佛法印照大千，不可思議，「吽」字浮現在靈山巨石上，也嵌入了每一位靈鷲人的心田。

海潮音的寂靜世界

遙想當年初識師父的時候，正是靈鷲山的草創時期，祖師殿剛完工，大殿才開始在砌石頭。暗夜裡點起蠟燭，與師父共坐在長板凳上聆聽著驚濤拍岸，海潮音迴盪在山谷間，猶如聲聲催我快震醒昏睡的自性。我俯視著遠方汲汲下網撈捕的漁火，陣陣的海霧徐徐吹來，氤氳著全山，我們彷彿站在天際雲端，低頭觀察著腳下追逐名利的眾生。

「師父啊！你為什麼會選擇如此令人迷戀的風景開設道場呢？」我隨意而問，師父不改其老僧入定的神態，緩緩答道：「為什麼極樂國土晝夜六時中，不斷地出和雅音呢？那是要弟子們不至忘了念佛、念法、念僧的心，而特別佈置的成佛環境。現在我們靈鷲山也是一樣，因為弟子們無明心重，易受紅塵境界所轉，所以開闢這片時時都有海潮音的寂靜世界，讓弟子們不要忘記覺悟本來，不要像遠處的漁火在名利中隨波逐流，以致顧不及自己的生命就在旦夕之間。」

聽完了師父這席話，我內心頗有同感，順口便道：「那眾生的無明又是什麼呢？」

師父抓住機鋒，迅雷不及掩耳地回答：「你現在不知道的是什麼？」

「我……」如入五里霧中，茫茫然不知所措，「哦！」我驚叫了一下：「原來這就是無明啊！」

◎故事／顛倒子

「空味」辣椒

早期，靈鷲山的廚房是由茅草搭建起來的棚子，禪味十足。師父最喜歡在裡頭自製生辣椒醬，強強滾地火辣辣，一定很夠味，我想。

「師父，你怎麼那麼愛吃辣椒呢？」我忍不住問，師父一邊嚼著小辣椒，一邊回答：「因為師父是雲南人，那裡的食物味道都比較特殊，就像豆腐乳的臭味，臭有臭的香、勁道在裡面啊！」

我好奇地插嘴：「難道香與臭沒有界限嗎？」

「界限乃意識所生，一切都是空的味道。」師父答道，我性急地往下追問：「師父，那你現在嚼辣椒又是什麼味道呢？」

「刺激的味道！在生活中修行，就得有刺激的衝勁才能夠觸類旁通。我們要在事事物物上找到空性，智慧便是從這兒生出真味的啊！」

◎故事／顛倒子

● 客堂、藏經樓

由大殿右方拾階而上，一個轉彎，驀然抬頭，一棟兩層樓的建築霎時出現於眼前，由福隆石砌成的牆面，顯示出斑斑歲月在它身上留下的痕跡。

全山第三棟建築——往日的客堂、今日的藏經樓，屬於早期的建築群之一。在朝山步道尚未整修好之前，上山的車道僅達山腰的拱南宮，接下來就要徒步而行，途中須借道拱南宮，然後沿著石階而上，約二十分鐘後，映入眼簾的是靈鷲山早期的山門——一扇紅色鐵柵門；進入山門後，見到的是僅僅一層樓高的建築，那時藏經樓內尚未藏經，殿堂內側是師父休息的寮房，靠外側的部分則充當接待來訪信眾的客堂。

開山早期，師父還蓄著頷下一撮鬍鬚，經常坐在客堂外的小土丘上，沏上一壺茶，與來訪的人談佛論法、解惑釋疑，給人的感覺彷彿是一位和藹睿智的長者。後來因為上山信眾日漸增多，空間不敷使用，於是加蓋成為兩層，一樓仍然作為師父接眾的客堂，客堂一隅為師父的法座椅，向外延伸出兩排木椅，但空間仍舊有限，每逢週末假期，偌大的客堂就被來山信眾擠得水洩不通，大家都爭著要和師父寒暄問好，生活中的煩惱不順遂，急著要請師父指點迷津。師父總是不厭其煩的傾聽，微笑頷首，一批人離去，另一群人又湧上……從早到晚，師父的平易近人和慈悲心，讓他看起來似乎永遠有生生不息的能量和熱情。假日是眾生的休閒日子，卻是師父最忙碌的上班日，只要山上還有訪客，師父就無法休息；到了農曆春節期

昨日的客堂，今日的藏經樓。

早期舊客堂的接眾景象。

間，上山人潮更是盛況空前，而師父與全山法師的應接不暇，也正是「一年之忙在於春」啊！

客堂增建後，二樓的空間規劃成多功能室使用，偶爾在此開會、接見特殊訪客，紓緩一樓的人潮壓力。白天的忙碌結束後，晚上只剩下全山的法師聚集在客堂，眾弟子們圍坐在師父身旁，總算可以稍微換一些輕鬆話題，笑談家常，窗外的風雨再峭寒，也吹不進師徒間互動的暖流中。

「法雲堂」接引十方善信

2003年，隨著靈鷲山「三乘佛學院」的成立，對於書籍、經典的需求日增，於是將本來分別散置在男、女眾寮房的藏書空間重新整合、集中，將原來以接眾為主的客堂，調整為查閱書籍、深入經藏的學習空間；此外為了因應全球電子化的趨勢，另增設網路查詢等功能。客堂於是轉變成為今日所見的藏經樓。

至於負責接待上山信眾的客堂，則轉至「華藏海」旁，並命名為「法雲堂」。「法雲地」本為《大方廣佛華嚴經》中所載，菩薩修行五十二階位中，十地菩薩的第十地，菩薩修到此位，大法智雲含眾德水，如虛空遍覆無邊二障，使無量功德充滿法身，故名法雲地。「法雲地」是菩薩的最高果位，離佛已

藏經樓內景：一樓的借閱諮詢櫃臺（左圖），二樓亦常做為僧眾讀經課程的教學場地（右圖）。

經不遠了。「佛子！此菩薩住如是智慧，不異如來身、語、意業……此地菩薩智慧光明亦復如是，能令眾生皆得清涼，乃至住於一切智智，一切聲聞、辟支佛乃至第九地菩薩智慧光明悉不能及……」《大方廣佛華嚴經三十九卷》

　　客堂命名「法雲堂」，其中蘊涵願以悲智雲普蔭大眾，並以甘露法雨滅諸眾生煩惱焰的期許。

靈鷲山現今之客堂——法雲堂。

●齋堂

從藏經樓門口的石階信步而下，可見到另一棟兩層樓高的房子，雖然外觀看起來像水泥建築，其實它卻是道道地地由福隆石所砌。石屋堅固耐風霜，但為何替樸素粗獷的外牆敷粉上妝呢？原來裡面還有一小段插曲：

某回師父出外弘法，一位師兄眼見信眾「上山必走一遭」的齋堂牆面嶙峋不平，心想道場經費拮据，竟連粉刷牆面的錢也籌不出來；一時大悲心起，於是趁師父出門之際，特地上山把齋堂外牆用水泥來個改頭換面，料想師父看了必然十分歡喜。豈知師父回山之後，一見之下哭笑不得！早期道場經費困窘是沒錯，這位師兄的發心也是真情流露，然而他萬萬想不到，師父向來喜歡樸素，以石砌牆面是師父特意保留的風格。一間會呼吸的石屋，本身也是大山的一部分。

原本屬於山上早期石造建築群之一的齋堂，就這麼陰錯陽差的「變臉」成水泥房，側身在古樸素雅的道場樓宇中，成為另一座令人莞爾的特殊風景。

此處掌管全山法師與來訪信眾的五臟廟，重責大任非比尋常，香積廚匯聚了全山一流炊事高手，在此切磋手藝，不論是高山野蔬、私房醃釀小菜或應時瓜果，端上桌後都令人食指大動。齋堂設備雖簡陋，在此用餐卻十分自在、毫無拘泥緊張感，相較於一般坊間素食餐館的精緻裝潢與華麗口味，道場的齋飯是如此清簡自然，吃得到「蔬菜的原味」！

齋堂室內空間約三十坪左右，屋外延伸而出連接一塊空曠

齋堂外飼有兩隻公雞，自由宿於齋堂前的樹枝
上。飼養之因乃取其按時啼叫從不懈怠，警醒並
期許大眾精進辦道，亦不懈怠（左圖）。

早期無生道場師徒用餐之閑靜景象（下圖）。

每至用膳時刻，可見到觀海台
上大眾邊用餐、邊賞海的悠閒
景象（上圖）。

觀海台全景（下圖）。

由觀海台遠眺福隆海灘。

平台，可以直接俯瞰太平洋，因此稱之為「觀海台」。每當齋堂的用餐人數較多時，大眾往往必須在齋堂內盛好飯菜，然後移身挪步到戶外的觀海台上用膳，來個「露天野餐」。起初，這是因為受到空間限制而無法在屋內用齋，久而久之，卻因此創造出靈鷲山另一個特色：一座依山臨海、視野一級棒的「無限空間」景觀齋堂。直到2008年因改建之故，齋堂才移至華藏海右側。

晨昏夕暮、四時遞嬗，山中景色變化萬端，觀海台之盛景，便是在晴朗日的傍晚坐在微風中用膳，飽餐一頓壯麗非凡的心靈饗宴。此刻彌望無際的太平洋是一襲閃耀波浪銀鱗的金色袈裟，空中歸鳥和海面上的帆影，是僧袍上飄動的灰紗束帶，一輪紅日從雲翳中徐徐垂降下光之梯，接引回歸之帆⋯⋯

尋雲歌

尋找一個叫歲月的男孩，問他如何　　站在

光之懸崖上敲擊鍵盤，尋找一棵叫　　灰爐

的樹問它如何折疊成黑夜中的牧笛　　航向

巨浪的塵世之舟如何在死亡之巔上　　繰絲

深淵中栽種驚異之花？命運十二座　　火鐘

上雕刻水月的名字；尋找一座雲棲　　之家

山外之山問它如何向風中之蟬訴說　　永恆

和思緒裡悲傷的聖甲蟲對坐把皺紋　　曬成

時間透明的細雪，心事如鵬雁鼓翼　　而去

尋到雲的盡頭而雲卻在大夢酣暢處　　高歌

◎詩／劉洪順

法師怡然閑坐於觀海台上。

這是生命中的絕妙時辰，要用屏息的目光和振翼之心去承接這靈山的晚霞之美！既已無生何羨有生？曾經滄海不沾水，除卻道場心無家。

向左俯眺，一片蒼翠鬱林掩映了雙溪的入海口；朝右而望，但見大殿香雲騰空、煙絲裊裊。在暮色欲晚時分，大殿前方紅瓦下懸吊的燈籠一盞盞亮起，麒麟巖酣然入睡，在巖上冉冉浮起映照十方的，是澄澈皎淨的明月……觀海台全景，幾乎有三分之二被大海環抱，人，渺小了；心性，開闊了。

每逢假日佳節，總見來山的信眾們，帶著一家大小呼朋引伴，三五成群地坐在觀海台上，或向法師傾吐心事，或是交換彼此生活心得，一任山風海濤滌盡內心煩憂；孩童們爭相追逐嬉戲，歡笑聲如鈴清脆。中午的熱浪才剛退散，悄悄掩襲而上的山煙霧嵐又將樓台樹杪重重包圍，原本海天無涯的空曠視野逐漸朦朧，才一眨眼功夫，四周景象已化成一片天地茫茫的蒸騰霧境，令人有如置身海上仙山，靈山樓閣盡在虛無飄緲間。

向晚時分，齋堂內已飄出陣陣菜香，隨著打板聲漸遠，但見絡繹不絕的人潮，不論是信眾或遊客，人人手捧一碗熱騰騰的齋飯，無拘無束地坐在觀海台上，以穹蒼為蓋，大地為席，斟四時清風入杯，捻蟲唧鳥鳴聲為絲竹雅音。靈山打齋，飽足酣暢的何止是區區口腹之欲？

無生道場近期殿堂 （1996~　）

一花一葉皆眾生，這兒有「中央有樹的路」、一千五百多片時輪金剛咒牌圍繞的華藏海、法輪雙鹿的聞喜堂。來山小坐，靜聽風濤雲影和心海之音⋯⋯

● 羅漢步道

從紅色鐵柵山門一路走下，經過舊客堂、舊齋堂、法華洞、祖師殿，取道開山聖殿下方，連接著一條蜿蜒至「華藏海」的石板步道，寬約二公尺、長約一百公尺，彎彎曲曲隱身於兩旁的樹蔭中。步道靠海一側，成排並列著好幾尊羅漢石雕，因此命名為「羅漢步道」。這些羅漢石像來自福建省惠安，以青石雕刻而成，造型自然樸拙，羅漢神情安詳寂定，此乃師父於1988年到中國四大名山朝聖時所訂製的，1990年間陸續運回臺灣。

這條步道原本由山路闢建而出，當初施工時，師父一再諄諄叮嚀要保護山上的「原住民」——視線所及的一樹一石，師父說它們是比我們更早定居於山上的原住民，不能因為人類來到而硬將它們驅逐出境；在師父眼中，一花一葉皆是有情眾生，不得輕易傷害。

因此之故，靈鷲山上便出現了「中央有樹的路」和「內牆突聳出岩石的房屋」。誠如禪宗「注意腳下」的公案，在靈鷲山上，你不只要注意腳下，還得隨時留意頭上，否則一個分心閃神，腦袋不是碰到樹枝就是撞到石頭。

羅漢步道恰巧位於寺院主體的中央位置，彷彿時光隧道般接駁著靈鷲山新舊兩種建築群，見證了時間之輪的轉動。信眾的活動空間，由舊客堂等建築群漸漸移轉到早期所稱的「後山」，包括了「華藏海」、「聞喜堂」、新客堂等，而山門也改從1991年完成的朝山步道進入，早期的紅色柵門則功成身

羅漢步道沿路上，芳草枝木斜伸延展，綠意盎然；於此行走，不時還會遇上藍鵲與松鼠。

退，如今已甚少開啟。

　　綜觀道場整體建築特色的轉變，從中隱約可見師父從「體」轉為「用」的過程。師父原本以禪門為心法參本、繼而再加上金剛乘之方便圓滿，禪體密用，演化出佛陀成道時期理事無礙、事事無礙、萬法相融的華嚴精神。這股特質呈現在建築上，則是從早期樸素無華的禪風，逐漸轉變為活潑豐富、多元化境界的發展。

● 華藏海

羅漢步道的另一端即為「華藏海」，它的前身是一座綠色鐵皮屋，為山上最寬廣的室內空間，在六年的壽命中承擔了許多重要任務：週末時，它扮演來山信眾的集體用餐處；逢年過節時，在此擺上十幾張圓桌，便成了四眾弟子齊聚一堂、與師父共享年夜團圓飯的溫馨之家；舉辦法會時，將五色布幔掛起，它又是莊嚴肅靜的結界地；傳法時，只要將壇城搭起、塑膠地墊鋪上，它成為僧眾承接法要的莊嚴選佛場，藏密的毗盧仁波切、貝瑪才旺仁波切、敏卓林寺的敏令赤欽法王(睡覺法王)等，以及南傳的烏依麻剌尊者、美彭尊者等都曾經於此傳法。此外，這裡更是每年四季僧眾閉關時，師父主持禪修之地，尤其在大地一片岑寂的夜晚，師父傳授禪修的口訣迴盪在山月默照的屋內；即使偶爾串場的錚瑽雨點，落在鐵皮屋上，也都化為純然寂滅的無聲之聲……

2000年颱風來襲，年邁的鐵皮屋終於完成其階段性任務，在靈鷲山的歷史上畫下句點，2001年拆除重建，由2003年建築完成的「華藏海」繼續接棒。

無海之海

「華藏海」雖名為「海」，卻無一滴水。它的名稱來自《大方廣佛華嚴經》的〈華藏世界品〉，經中宣說重重無盡的華藏世界莊嚴盛美，「海」字乃取其深廣無邊之意，「此世界海大輪圍山內所有大地，一切皆以金剛所成，堅固莊嚴不可沮

鐵皮屋時期，禪七活動之景象（上圖）。
現今華藏海之內部一景（下圖）。

壞，清淨平坦無有高下……散眾寶末布以蓮華，香藏摩尼分置其間，諸莊嚴具充遍如雲，三世一切諸佛國土所有莊嚴而為校飾，摩尼妙寶以為其網，普現如來所有境界……」

華藏世界中，每一個世界都是佛往昔發願修集種種清淨功德，所呈現出的莊嚴淨土，有無量微塵數的香水海和世間妙寶鋪設為底，栴檀香粉遍灑四方，演佛音聲光明照徹十方虛空。師父說：「華藏海是智慧的世界、一個無障礙空間，在這裡的眾生互相成就彼此的功德，以智慧建構世界和平的國度。」

一千五百多片時輪金剛咒牌

依照原先設計構想，華藏海原為五層樓的建築，但在施工過程中，搭建到第三層樓時，師父為了保持山上寬廣無礙的視野，不想讓太高聳的建築破壞面海的景觀，華藏海於是拍板定案，成為今日所見的三層樓規模。靈鷲山的建築風格雖然與時並進，但師父愛護自然環境的理念卻從未改變過。

華藏海高三層樓，一樓與二樓打通挑高，成為大殿，中央供奉來自緬甸的玉佛；玉佛高約二公尺，面相圓滿莊嚴，身披赭紅色金線袈裟安坐大殿中，見者無不歡喜讚歎。華藏海為磚石水泥建築，並依藏傳佛教寧瑪派毗盧仁波切指示，屋頂與外牆整齊嵌上一千五百多片「時輪金剛」銅製咒牌，咒牌乃經過格魯派哲蚌寺強巴仁波切，特地連續三天修法加持，因緣希有難得。

時輪金剛，是釋迦牟尼佛成道後親身所傳，為密法中至高無上的極殊勝法門。時輪，即時間之輪；當末法時期，如依時輪之法而修，可轉不淨為清淨，化痛苦為快樂，平息兵災戰事

時輪金剛咒牌：
時輪金剛是由七個梵文字母、三個圖形所組成，蘊涵密乘本尊與其壇城合為一體的時輪圖形，它是蓮華生大士的印章，具備無比神聖意義和巨大力量，涵蓋日月星辰以及色、受、想、行、識五蘊，與地、水、火、風。時輪金剛咒牌，通常用來懸掛在房屋內外上方，或佩帶在身上，用來防止時空凶曜、化解諸惡緣，得十相自在(壽命自在、心自在、願自在、資具自在、業自在、受生自在、解自在、神力自在、法自在、智自在)，可謂佛門至寶。

華藏海中尊貴柔美的緬甸玉佛。

等一切劫難。

　　華藏海屋頂和外牆所貼的時輪金剛咒牌，即是祈請時輪之法在這個天災人禍不斷的年代，守護眾生慧命，滅諸苦惱死厄、庇佑世界和平安寧。

　　從簡陋的鐵皮屋到三層樓的華藏海，硬體外觀改變了，不變的是師父的華嚴之心，以及來自山海的寧靜召喚……

● 聞喜堂

聞喜，即是藏傳佛教噶舉派祖師密勒日巴尊者之名。師父從早期修行時，便非常仰慕密勒日巴尊者的苦修精神，時時以尊者為修行的標竿。在宜蘭靈山塔禪修時，師父曾於禪定中見到尊者吉祥示現，並以手撫師父頭頂說：「你要相信自己是佛！」並賜法號「普仁」。

聞喜堂矗立於天眼門與華藏海之間的山坡上，是朝山信眾踏入山門後，首先看到的兩層樓高建築。

這裡原為僧眾禪修閉關的草寮，以筆筒樹幹為柱、茅草鋪頂，寮內一尊臥佛幾乎佔據草寮一半以上的空間。在閉關期間，師父帶領全山僧眾靜坐在臥佛四周，即使蟲蚋自屋頂上的茅草飛落四竄、蛇鼠從牆腳爬進爬出，也絲毫無擾師徒精進修行的道心；「參透生命」才是生死大事，外在環境的艱困在此刻都是芝麻瑣事。

1996年賀伯颱風狂掃全山，將草寮連根拔起，剩下的是依然安閒自在的臥佛，經過多年未加以重建，臥佛仍舊對著熙熙攘攘來往的眾生，慈目微笑。亙古星空下蟲鳴唧唧，草木掩映中，憑添了幾許寂寥與幽靜。

為使臥佛免再遭風雨寒暑侵襲，也同時讓來山信眾有聞法歡喜的歇腳處，因此在舊地重建，成為如今的「聞喜堂」。不同於一般建築從外到內的施工進度，聞喜堂建設過程中，臥佛不曾絲

90年代的靈鷲山，訪客往往甫入山門，即可望見一幢禪味十足的小草寮。

毫移動，僅以塑膠布暫時掩蓋，在其四周陸續施工建築。這就
如同佛法所昭示的，不論我們的外表如何改變，或為人，或為
畜牲、飛禽百獸，內在的靈性依然是不增不減。聞喜堂的重建
過程，弟子們猶如閱讀一本佛經般，方寸之間有妙法，眾人又
上了寶貴的一課。

於草寮原址上重建的聞喜堂。

早期於草寮舉辦之「僧眾四季精進閉關」（左圖）；建設中的聞喜堂，臥佛不曾移動，安住其中（右圖）。

財寶天王和法輪雙鹿

建築物二樓供奉一尊財寶天王，本為四大天王之一的「毘沙門天王」，乃閻浮提北方的守護神，又因福德之名而稱「多聞天王」。根據經典記載，當釋迦牟尼佛示現涅槃前，曾囑咐四大天王，在未來世要護持佛法。財寶天王當下頂禮佛前，立誓要率領一切眷屬護佑修持佛法的人，並給予財富資糧，令其成就世間法。財寶天王金黃色身，一面二臂，頭戴五佛寶冠，身穿黃金鎧甲，全身佩戴珍寶瓔珞，右持寶傘蓋，左抱吐寶鼠，以菩薩如意坐姿坐於伏地白獅子上，無盡天庫之寶藏，皆為其所有。

世人汲汲營營勞碌一生，所追求的不過是財色名食睡罷了，這些都是口體之養，與解脫無關。世間的財物再多，終有窮盡匱乏之時，要求不如　求出世間財、用不盡的財富。師父說：「物質上的追　　　求是永遠都追不完的，學習佛法才是擁有財富　　　最快的方法；就像把錢存在銀行一樣，我　　　們把善緣存在每一個眾生的記憶當中，　　　這樣，生　生世世我們就擁有　　　用不盡的　福報

聞喜堂一樓供奉原草寮內之白玉臥佛（左圖）；二樓則供奉財寶天王（右圖）。

了！」聞喜堂內供奉的財寶天王，依法修持可讓佛子資糧具足、沒有生活經濟上的侵擾迫害，然而更重要的是，修行人心中要常以眾生為念，時時抱著「慈悲喜捨」之心；我們應當追求的不是存摺中的數字，而是有得有捨、欲得先捨、無不可捨的一顆心。

財寶天王，原來並非幫助你陞官發財的財神爺，而是教導眾生佈施、能捨的大護法。能於舉心動念常住大平等捨，你便擁有一切了！

聞喜堂屋頂上，安置著象徵法輪常轉、普傳十方的金色法輪雙鹿，金色的光芒閃耀在陽光下，十分引人注目。雙鹿和法輪，是佛教主要的圖騰之一，當初佛陀在菩提樹下證悟後，於鹿野苑開始為陳憍如等五比丘說四聖諦、十二因緣法，《雜阿含經卷二十三》：「此處仙人園鹿野苑，如來於中為五比丘三轉十二行法輪。」法輪，代表佛陀所說的教法，以釋迦教法如車輪旋轉不息，能摧破眾生一切邪惑無明之故；雙鹿，指的是佛陀最初傳法時，有兩隻母鹿走上前來，跪伏在佛陀的腳旁聆聽，這代表世尊的教法不只傳授人天有情，乃至於畜生道的眾生也能法雨同霑，從此之後，法輪雙鹿這個圖像就代表佛陀的教法。再更進一步解說，兩隻鹿一個代表智慧，一個代表方便，中間的法輪則象徵方便與智慧雙運。

• 大禪堂

靈鷲山的開山和尚心道師父，本為一介禪師，從年少時期尚未接觸佛法前，就喜歡清心靜坐，即使未曾學習任何禪修法，靜坐這項功課都是每日生活中的一部分。接觸佛法之後，禪修更是師父日夜精進，以此為成就佛道的專修法門，從士林蘭花房、宜蘭礁溪的圓明寺、莉仔崙靈山塔、宜蘭龍潭如幻山房，每日禪修近二十小時，彈指數年間從未間斷。

也是基於禪修閉關之需要，師父才輾轉來到靈鷲山設立道場，對師父而言，此山鍾靈秀美、視野遼闊，何處不是禪堂？只要心能沉靜下來，草寮、觀音道場、羅漢步道、觀海台上，任何一個角落都是禪修的好地方，整個無生道場隨地可參禪、隨處可安歇。

漸漸地，隨著出家弟子的成長，為了使弟子們有更好的精進空間，專心禪修，於2006年啟動的華嚴聖山計畫中，特別規劃了「大禪堂」的建設。禪堂預定地在華藏海右側方一片森林中，踏進這片翠意蒼蒼的原始林區，不禁令人回想起佛陀時代出家僧人樹下一宿、雲水掛單的生活；空山鳥囀，堆積在胸磊的煩惱喧囂，彷彿都被樹叢葉影一層層篩洗盡釋。

雲無心而出岫，人無欲則入禪。在這個絕塵忘俗之地，除了風濤和雲影的寂靜耳語外，唯有來自心海的聲音……

座落於林間的大禪堂。

山門、四大菩薩道場

蒼天為臉，虛空是身，「天眼門」俯視人間疾苦。四大名山多羅觀音、舍利塔林、五百羅漢步道、巨大佛足隨處可參禪；十一面觀音金色像，長駐山巔最高處……

● 朝山道路

開山初期，所謂的朝山道路，不過是條狹窄彎曲的泥巴路罷了，上下山的就是師父和幾位弟子。每天一大早，師徒數人開著一輛由信眾所捐贈的紅色TOYOTA汽車（據說這輛「小紅」一直堅守崗位，身兼轎車及貨車雙重身分，直到公里數衝破錶數極限、重新歸零之後才功成身退。）下山，總要到半夜，眾人才拖著疲憊的身子回山。

當年車道還在整修，遇到下雨便滿路泥濘，車子經常陷入泥沼中，師徒們總是淋著雨下車徒步，踩著深及半膝的爛泥巴，跋涉近兩個小時才能回到山上。有時車子開到一半突然拋錨了，一夥人撐著千斤重擔般的眼皮下車幫忙推，幾個女眾弟子心有餘力不足，都是師父一個人奮力推車，車子稍微抬高些，車輪馬上跟著空轉，一霎時泥漿噴得滿身滿臉，幾乎可以做個免費的泥漿人偶模子。

然而，碰到實在無法將車輛從泥沼中推拉出來的狀況時，大夥巴不得把車子丟在路旁，先上山睡個大覺算了，一切等明天再來處理。可是師父卻說：「我的人生中沒有『放棄』兩個字！要走你們先走，我一個人慢慢推。」眾人有感於師父的堅持，只有齊心合力，耗盡最後一絲體力拼命推車……人車大戰到最後，人人眼冒金星、口乾舌燥，車子移動了，天也快亮了。眾人相顧莞爾，不免自我解嘲：「富貴人家即使再奢華，也只能住在五星級大飯店；我們卻更幸福，住的是『滿天星大飯店』，真是福氣啦！」

心道師父行走於開關初期的朝山道路。

法師帶領信眾朝山而上的景象（上圖）。朝山道路完工前，虔誠的信眾仍不畏風雨，踩著泥濘上山（下圖）。

多少個腳印埋在塵土中，多少汗水流淌過這條朝山之路？
1991年4月，嶄新的朝山道路完工，如今上山的信眾皆可由濱
海公路沿著朝山大道直駛而上，鑑於山區終年山嵐霧氣圍繞，
為了行車安全，所以道路中央嵌上貓眼石，兩側設有螢光指標
及護欄，當年泥濘中推車的盛況，已成了風中奇譚。

目前這條道路，除了是上山的唯一車道之外，也是朝山的
步道。常常可見數百人整齊有序的隊伍，口誦聖號、虔誠徒步
禮拜；或時～～～～～～～～～～～～～～～～虔誠地向前，為自
己、為眾生懺悔往昔以來所造一切不善業。

「俗於遠處進香，謂之朝山。」不論是進香禮佛、懺悔業
障，或是祈福還願，朝山已成了佛門中對治身體疾病與心性的
基本功課之一。除了有形之山，你還須不斷攀爬、返回心中的
那座清淨之山。

• 天眼門、十二因緣圖

自古以來，佛家寺廟遠離紅塵，多半選擇在山林幽勝處搭建蘭若，因此習慣性的把佛寺外門稱為「山門」。

靈鷲山早期的山門，是一扇紅色鐵柵門，必須穿過拱南宮，順著石階上行二十分鐘左右才能抵達。新的山門則矗立在朝山步道盡頭，經過多年規劃，終於在1999年建構完成。異於一般寺院多以牌區為外門，靈鷲山的山門，是一雙從遠處即可清晰望見的巨大眼睛，稱之為「天眼門」。

佛家有「五眼」之說：眾生具有能看實際景物的「肉眼」，然而碰到昏暗、阻礙物則失去功能；天人具有能看幻相的「天眼」，晝夜遠近皆一覽無遺；聲聞眾具有能識破假相、見到本體真空的「慧眼」；菩薩具有洞徹世間與出世間一切法門的「法眼」；唯有佛陀才具有了悟十方三世法界虛空、無事不知、無處不見的「佛眼」。「天眼」本屬於五眼之一，然而還是有不同的境界，佛所證悟到的「天眼力」，已臻無壞不滅、無能勝之境界。

天空之眼、智慧之眼

靈鷲山的天眼門高約十二公尺，眼睛是由青銅所製，這對天眼代表佛法中清聖崇高的智慧與慈悲，象徵諸佛菩薩恆以慈悲之眼注視眾生、守護和救度眾生。師父為了讓道場的山門有一個視覺上醒目、又不流於俗氣的標誌，遂邀請名雕刻家楊柏林居士，設計天眼門的兩大支柱。在多次溝通討論後，決定門

表徵「空性」的天眼門。

柱石材採用印度進口的高硬度紅砂岩。紅砂岩色澤溫暖有熱力，與師父的慈悲願力十分契合；另一方面是因其來自佛教聖地，更具有不凡意義。兩大門柱的四面，不只雕刻著佛教文化的圖騰符號，還有世界各宗教文化的起源及象徵，這與師父籌建「世界宗教博物館」的精神相互輝映，實乃「尊重、包容、博愛」精神之展現。整座天眼門除了具有宗教意義外，另外還蘊含極高的宗教藝術價值。

《大智度論》：「於眼，得色界四大造清淨色，是名天眼。天眼所見，自地及下地六道中眾生諸物，若近若遠、若麤若細，諸色無不能照。」師父說靈鷲山的「天眼門」，不論從哪一個角度均能透視虛空，象徵解脫之意；這個天眼門就是天空的眼睛，也是智慧之眼。眼就是智慧，因為凡夫的肉眼常常看不透萬物而生種種貪瞋癡、執著煩惱，若有智慧就能看得透、放得下；反觀佛的眼睛平等視一切，大覺大悟而能達到圓滿無礙之境。

蒼天為臉、虛空是身，滿山綠意中，磚紅色的天眼門似悲似喜、有情無情地炯炯透視人間疾苦。門上一雙天眼，這是佛眼、菩薩眼、金剛怒目眼，也是清淨皎然的自性之眼。

從這兒出離生死海，從這兒走向清涼地；當我從門下走過，願眾生離苦得樂，得天眼淨……

天眼門

遠遠便看見一對

浮在天空中的眼睛

看著我　眾生　山川大地

三界六道

是一道自由來去　穿梭自如的門

門內是空　門外是空

門亦是空

當我走入

聽見那久違的叩門聲　以及一聲呼喚

我遙遠的本名...

◎詩／陳克華

十二因緣、輪迴之因

　　跨進天眼門，首先映入眼簾的是威風凜立的四大天王石像，以及居中的十二因緣圖。類似的輪迴圖多見於南傳佛教的國家，如緬甸、泰國、斯里蘭卡的寺院，是教授弟子禪觀時，不可缺少的重要教材。

　　十多年前師父率領法師赴泰國、緬甸，參訪南傳佛教道場，無意中見到此圖，十分歡喜，於是帶回臺灣，囑咐弟子們要用心參悟，師父說：「大小乘各有其優點，彼此都有可學習借鏡的地方。」十二因緣圖，是師父向南傳佛教取經的例子之一，也再次印證了佛門無私，以及師父弘揚三乘佛法的本懷。

　　十二因緣又稱為十二有支、十二緣起，是佛陀在金剛座上證道之後，跋涉二百八十公里來到鹿野苑，向當年離開王宮隨同他修道的五比丘弟子所講述的解脫法。

　　此圖有如一個大車輪，圖示說明了眾生的生死無窮無盡，猶如水流動不息，輪迴也旋轉不息。在佛法中，萬法之生與滅不離因緣，佛陀以無明、行、識、名色、六入、觸、受、愛、取、有、生、老死來說明生死輪迴的流轉。佛門常用十二因緣搭配三世因果，向眾生說明起惑、造業、受生等一切因果原理，此十二項因緣彼此牽繫、相生遞轉，形成無止息的生死輪迴。如何離開這輪轉不停的苦海，正是這張輪迴圖欲向側身而過的眾生所宣說的。

從「十二因緣圖」路口仰望觀音道場。

四大天王：東方持國天王、南方增長天王、西方廣目天王、北方多聞天王（由左至右）。

四大天王凜然鎮守

　　十二因緣圖兩旁刻有四大天王石像，四天王各鎮守一方，發願護持佛法，令一切惡鬼外道不得侵擾眾生，所以稱為護世四天王，俗稱四大金剛。在東方的是提多羅吒，能護持國土，所以又稱為持國天王；南方的是毗琉璃，能令他人增長善根，所以又稱為增長天王；西方的是毗留博叉，能以淨天眼觀察護持人民，所以又稱為廣目天王；北方的是毘沙門，能護持人民財富，知聞四方賜予福德，所以又稱為多聞天王。

　　四大天王手中所持之法器各不同：東方持國天王身白色，

手持琵琶，代表護持國土，常行中道，猶如彈琴，不鬆不緊才
能奏出美妙音聲；南方增長天王身青色，手中執寶劍，象徵護
持佛法不受侵犯，也表示此智慧之劍鋒利如風，可斬斷無明煩
惱；西方廣目天王身紅色，手中纏繞一條龍(或蛇)，代表萬事
萬物變化無常，務必睜開眼睛看清楚；北方多聞天王身綠色，
右手持寶傘蓋，代表遮蓋垢穢物避免污染，即使廣學多聞，也
當謹慎提防自己的清淨心不受外境顛倒紛擾。至於左手抱的吐
寶鼠，象徵廣大佈施，令眾生資糧具足，免於飢餓病苦。

　　世間因緣千絲萬縷，如何轉逆緣為順緣、化惡緣為清淨
緣，不妨從觀修十二因緣圖開始吧！

·觀音道場

四大名山緣起

「歲月人間促，煙霞此地多；殷勤竹林寺，更得幾回過。」古來山水鍾靈處、煙雲澔邈間，總是不缺卓然遺世的深山古剎，越是人跡罕至的荒郊野嶺，越有見識不凡的大修行者在此開山立派。總說紅塵如空花、良辰美景如魔幻，然而水月亦道場，林木見幽微，佛教中四大菩薩的道場多位居高山險峻處，若非有跋涉千里之辛苦，怎嘗得出親見佛顏之歡欣雀躍？

1988年9月，師父帶領弟子們遠赴中國四大名山，展開長達一個多月的朝聖之旅。歸國後，師父為了讓臺灣的民眾也能親炙菩薩的智慧、慈悲與願力，乃發願以中國四大名山獨特的自然景觀為藍本，並依照每尊菩薩的精神與特色，建設莊嚴的菩薩道場。在此悲心大願下，靈鷲山上也終於構築出煥然一新的四大菩薩道場。眾所周知，這四大菩薩分別是普陀山的觀世音菩薩、五臺山的文殊菩薩、九華山的地藏菩薩及峨嵋山的普賢普薩，四位大菩薩分別代表了悲、智、願、行的菩薩精神。

在目前施工進度上，觀音菩薩、地藏菩薩及普賢普薩的道場，皆已陸續完成，只剩下文殊菩薩的道場，現階段尚為一片空蕩大地，暫時稱之為「文殊廣場」，廣場上無風無雨也無晴，供養的只是一片寂然的空。眾人紛紛自我調侃：正因為文殊菩薩代表的是空性智慧，所以這一片「空空如也」的廣場，是最能闡釋文殊菩薩那如虛空般的智慧之海吧！

善哉善哉！佛法不可思議，空地亦不可思議。

離塵垢、橫渡苦海的救度母

　　朝山步道的盡頭，踏入天眼門之後向右轉，抬頭便可望見金身巍巍、昂然矗立在塔林中的多羅觀音。觀音立像為陳獻英老先生發心供養，於1998年6月道場創立十五週年慶時舉辦開光大典，從此與靈鷲人朝夕相伴，不分晝夜晨昏的守護著山上

多羅觀音慈視大海、憶護眾生。

每一寸草木。

多羅，是梵文的音譯，在佛門中有多種含意：首先，它代表眼睛、瞳仁，也可寫成「呾囉」，《大日經疏》：「多羅，是眼義。」其次，它是印度的一種樹名，葉形長而廣，印度人經常以淨水浸泡葉子，等蔭乾後將經文書寫在葉子上，稱為貝葉。此外，梵音「多」代表實相，「羅」象徵塵垢，兩字合起來，「多羅」則為離塵垢之意。更進一步，多羅還有橫渡、拯救之意，將迷惑眾生接引到開悟世界，因此延伸出「救度母」的含意。

多羅菩薩，是觀世音菩薩的化身之一，又有多羅尊、多羅尊觀音、聖多羅菩薩、救度母、聖救度佛母等不同名稱。《大方廣曼殊室利經觀自在菩薩授記品》曾言：「觀自在菩薩住普光明多羅三昧，以正定力從眼中放出大光明，多羅菩薩從明光中誕生，以清涼光芒照射一切眾生，具有如慈母般之大悲憫心，誓願救度眾生出離苦海，到解脫彼岸。」

左手與願、右手施無畏

靈鷲山的這尊多羅觀音乃青銅所鑄，造型獨特，高12公尺，面向大海，衣袂飄逸，右手結施無畏印，代表佛佈施一切為救濟眾生的大悲心願，能安撫眾生心緒，使其無所畏懼恐怖；

多羅觀音基座後方的「六字明咒經輪」。

左手結與願印，代表能滿足眾生的願望，使一切善念所求皆可實現。由於佛經記載「多羅觀音由光明中生」，因此這尊觀音外型以金漆塗身；至於最特別之處，在於黧黑的臉龐、雙手與腳掌，師父說：「黑色乃是掃除垢障之意。」

多羅觀音的基座，三面環列《圓覺經》中提及的文殊、普賢、普眼、金剛藏、彌勒、清淨慧、威德自在、辯音、淨諸業障、普覺、圓覺、賢善首等十二位菩薩，以及佛陀針對諸聖眾所提不同的修行問題而回答的偈子，基座後方則有觀音菩薩心咒轉經輪。

輪，代表轉動、輪迴之意，也象徵佛陀說法時，能夠以佛心中所證悟的殊勝義理，如輪轉般將它匯流入眾生的心識之中，同時也能使已經聽聞佛法的人，再將所聽聞的佛法傳遞到還沒聽聞過的人耳中，猶如車輪轉動不停息。而經輪便是法輪，法輪常轉，象徵將佛法流遍到天涯海角、每一個眾生的八識田裡。

觀世音菩薩的悲心最切，度化眾生尋聲救苦，多羅觀音代表的便是慈悲、光明、救度和離垢。

舍利塔林與繞塔

　　觀音道場周圍的地勢原本高低不平，依照師父的初衷，在施工建設過程中，盡量維持山形的外貌，大小石塊、樹叢不輕易破壞，順著山勢鋪設石板，形成了觀音道場周圍的塔林區，以多羅觀音身旁的三世佛塔為首，共有五十三座塔。三世佛塔，是靈鷲山所有僧眾供養師父的生日禮物，於1999年創山十六週年慶時舉行開光典禮。

　　當初佛陀入涅槃後，弟子們將遺體火化，卻意外在骨灰中赫然發現如珍珠般晶瑩剔透的舍利子。西元前三世紀，印度的佛教徒對佛像膜拜的風氣尚未開始，弟子們為了表達對佛陀的追念，於是興建了一種梵文稱作Stupa的建築，將佛陀留在世間的遺骨、牙齒、舍利子等埋於Stupa之下，Stupa便是後人所謂的浮圖、佛塔。之後，印度阿育王大力推廣佛法，整理佛經之餘，也在國境內興建八萬四千座浮圖，外觀上有如一個巨大的覆鉢。

　　靈鷲山觀音道場的塔林，與傳統中國寺院中的塔林，甚至印度那爛陀大學出土的小佛塔都不相同，後兩者多半是該寺歷代修行僧人的骨塔，塔中盛放著法師、教授或四處雲遊參訪的學問僧骨骸；然而靈鷲山上的塔林則為舍利塔，塔內供放著佛法僧三寶——象徵「佛」的佛像及舍利、象徵「法」的經典，

以及象徵「僧」的袈裟等三寶聖物。

　　放眼望去，這些具有南北傳特色的佛塔外型，或高、或低、或嵌有玉佛、或塔頂掛有寶鈴，三乘的特色自然地共同呈現在靈鷲山的觀音道場中。

　　繞塔，本為自佛陀時代相傳迄今的習慣，佛陀就曾經為舍利弗講說《右繞佛塔功德經》，從世間法成就的「儀貌常端正，富貴多財寶，恆食大封邑」，到出世間法成就的「永離貪恚癡，及一切障礙，證獨覺菩提」的功德，皆由右繞佛塔而來。流傳至今，建塔、繞塔的風俗，在南傳佛教國家如緬甸、泰國等特別興盛，尤其是在緬甸，建造佛塔是每個人一生中必須做的一件事。靈鷲山上的這一片塔林無聲地道出師父與出生地緬甸的深厚因緣。

　　溽暑之際的向晚時分，是觀音道場最安靜愜意的時刻，師父常常在一整天忙碌的接眾之後，帶著隨行弟子邁向觀音道場。趺坐在塔林中的大石上，眾人望著天空中低飛掠過的野燕，正在出神之際，師父卻突然風向一轉：「注意感覺看看，這塊石頭是會隨著風而動！」

　　石動心不動，水流橋不流，即使良辰美景當前，師父總不忘這過水無痕的禪門教育。

• 觀音殿

從觀音道場向塔林區眺望，有三顆白色圓球狀建築落入眼簾中，讓人不禁好奇：「那三顆球有什麼特別用途呢？」

其實若從「觀海台」的位置望過來，這兒的山勢極似一尊臥佛，球狀建築物不偏不倚，恰巧位於佛的耳朵穴位。眾所皆知，耳根圓通是觀世音菩薩的開悟法門，這也是師父選擇在此地蓋關房的原因，白色的圓球建築物，原來就是作為閉關的「觀音殿」。

關房的建築材質仍舊採用石頭，當初負責工程部的法師為了完成師父所交代的「特殊任務」而傷透腦筋，「什麼叫作圓形的建築？」左思右想，不懂。師父於是拿了三個碗，倒扣在桌上說：「就是這樣！」

師父閉關的關房

觀音殿的建築宗旨，就是提供師父閉關修持所用的關房，驀然回首，距離師父1983年因閉關需要而來到靈鷲山，已經二十幾載寒暑匆匆逝去。這段期間，師父帶領著僧俗四眾弟子四處奔波，承擔著如來的家業，師父說經過這二十幾年的弘法利生，個人也實在需要好好的整理一下，這段時間就像演一齣戲，現在是需要回歸的時候了。

於是在2006年2月12日，師父再度閉關，關房的主要地點就是觀音殿，進行一整年的閉關，為的是再次蘊化激發出弘法利生的能量，以便帶領四眾弟子返回以修行為主的真如法地。

2007年初，觀音殿外之石徑。

• 地藏道場

從朝山步道上山，到了半山腰，有一個小小的、不明顯的森林步道入口，從這裡進入就是五百羅漢步道，以及地藏、普賢兩個道場所在。

五百羅漢步道，石像林立

雖然名為「五百羅漢步道」，實際上僅僅是沿著山中小徑鋪出的一條石板路。整條步道全程約兩公里、寬約一米多，兩旁紅楠林木青翠氤氳，縱使炎炎夏日也是涼意颯爽。小徑通幽，陽光和蟲鳴從樹葉縫隙潑灑而下，偶爾還可見到臺灣稀有的長尾藍鵲，展翅在林間低飛而過。

沿途兩側的山凹與山壁上，紛然羅列著造型神態、衣飾容貌各異的五百尊羅漢石像。羅漢，是阿羅漢的簡稱，它包含了三種含意：一、殺賊，能殺盡煩惱之賊，無世俗煩惱牽掛；二、應供，指得到這種果位的人，應該受天上人間的供養；三、無生，修到羅漢，已經永入涅槃，不再受生死果報。

往昔以來，那些喜歡聽聞佛的音聲、或修苦寂滅道四諦法而悟道的人，總稱為「聲聞乘」，阿羅漢就是聲聞乘的最高果位。簡單而言，阿羅漢就是斷盡一切無明煩惱，而得到不生不死的聖者。

與悲心無量的菩薩不同，羅漢較喜歡在寂靜偏空處獨修，不愛搭理俗事，所以雖然能夠住動天地、飛行變化，卻落得一個「自了漢」封號。

地藏塔。

靈鷲山四大名山步道中的羅漢群——表情豐富、神態生動。

地藏塔內的經柱。

小徑兩旁的羅漢像或濃眉怒目，或露齒呵笑，或偏頭昂視著天，或閉目沈思，十足遊戲人間的架式；他們又像一禪一印便入定千年的時間老人，在喧囂絕跡的空山雲影裡，串演著大千如幻的戲碼。

地藏塔內聳立佛經石柱

地藏道場坐落在五百羅漢步道途中，道場中央有一座「地藏塔」，形狀猶如印度八大聖地之一的鹿野苑中，佛陀初轉法輪的那座佛塔。「地藏塔」以透明玻璃為門，塔頂也是用透明的壓克力覆蓋，白天整座塔中光明徹照。塔內豎立著一根大理石經柱，柱上雕刻的是整部《地藏菩薩本願經》；上方四周圍繞著地藏菩薩的聖像，最頂端的部位置立著一個金色法輪，象徵靈鷲山的法輪常轉不息。

沿著地藏塔四周的，是Ｕ字型開滿小紅花的花壇，繞著地藏塔外圍而行，陣陣桂花馨香撲鼻而來，翠綠筆挺的竹柏，精神抖擻地羅列於正前方兩旁，猶如金剛護法般在此默默守護地藏塔；有時也會見到盛開的金萱花，金萱花

向來代表母親無我之愛，輝映著地藏菩薩無私的大孝、大愛精
神。

　　2006年11月，師父首次選擇地藏道場進行21天的短期閉關
所在，小小的地藏塔成為師父每日精進修行的法堂，護關侍者
們因為事出突然，來不及搭建棲身之處，於是便在地藏塔前側
方臨時搭起一個帳棚為師護關……時間之輪往前滾動，一切似
乎又重新回溯到開山之初，那沒有水、沒有電的原始狀態，夜
晚以星斗為帷幕，睡大地為床，蟲鳴窸窣的森林是厚厚的被
毯，一切舒適的現代化科技設備，謝絕進入。

　　眼見21天的短暫閉關即將結束，師父對於這種原始簡單生
活雖然覺得不捨，也終是還得出關。不過，不捨的可不僅是師
父而已，在關期結束前一晚，師父站在地藏塔旁的樹叢前，驀
然一隻龜殼花神不知鬼不覺地遊竄到師父的腳旁，沒有張口咬
下，而只是用頭輕輕點了點師父的腳踝。

　　是叩首？是讚許？是想親近行者法席？或只是單純地出來
向老朋友打聲招呼？師無言，地藏亦無言……

● 普賢道場

普賢道場位於地藏道場不遠之處，正中央是一雙長寬達三公尺的巨大佛腳印。此處四周林木蓊鬱，佛足旁延伸出一個可容十餘人歇坐的平台，連同佛足前的階梯，足可容納四、五十人，又能避開炎炎驕陽的直接照射，無疑是夏天登臨靈鷲山最佳的駐足歇腳處。

為什麼此處沒有普賢菩薩的造像，卻又稱為普賢道場呢？《悲華經》中記載普賢菩薩自許他的「行」勝過一切菩薩，因此寶藏佛說：以此因緣，今天便將你的名字更改為「普賢」。從此普賢菩薩成為「行」的代表，這也就是為什麼佛足成了普賢道場的象徵。

五十三階，一階一果位

佛足前的階梯共有五十三階，代表著《大方廣佛華嚴經》內所記載菩薩修持過程的五十二個階位，從十信、十住、十行、十迴向、十地、等覺、妙覺，完成菩薩修行次第後，最後登至究竟圓滿的佛果。要成就佛果的唯一方法就是「實踐」，一階一階腳踏實地跨出每一步，最終能夠走到目的地，我們要從普賢菩薩身上學習的，就是這「實踐之道」，難行能行，縱使千山萬水獨行亦不悔之精神。而佛足上所雕刻的千輻輪相及法輪，是佛的三十二相之一，此為駕馭一切的法王相，凡遇法輪者，一切邪見懊惱災害都會消滅遁形。

佛足

佛原不許世人以色身

見佛 只留下法 舍利 和

許許多多的足印---於是我們只能猜想

那莊嚴的三十二相 八十種隨形

佛陀所忙碌的事業

眾人不能覺醒的娑婆世界

連佛法也不禁滄桑了

只有那深深陷入泥土的足印

記載了那

細密如足紋的願行...

◎詩／陳克華

·十一面觀音

觀世音菩薩千萬化身，難以細數，一般常見的水月觀音、魚龍觀音、白衣觀音、四臂觀音、十一面觀音、千手千眼觀音、馬頭觀音菩薩……等等都是觀音菩薩救度眾生的化身。「觀音菩薩妙難酬，清淨莊嚴累劫修；三十二應遍塵剎，百千萬劫化閻浮；瓶中甘露常時灑，手內楊柳不計秋；千處祈求千處應，苦海常作度人舟。」

同為菩薩心，為何有如此繁複多變的相貌？這是菩薩的善巧方便，當以何身得度者，便現何相而度之，《普門品》說得清楚分明：「佛告無盡意菩薩，善男子，若有國土眾生，應以佛身得度者，觀世音菩薩即現佛身而為說法…應以天龍、夜叉、乾闥婆、阿修羅、迦樓羅、緊那羅、摩睺羅伽、人非人等身得度者，即皆現之而為說法……」

十一面觀音也是觀音菩薩的千百億化身之一，其十面中有瞋有慈，代表著不同的意涵：慈相，是菩薩見到行善眾生時，生出慈心的大慈與樂相；瞋相，則是見到行惡眾生時，生出悲心的大悲救苦相；白牙上出相，乃見到淨業眾生時所發出的讚嘆、勸進相；猙獰暴笑相，是見到善惡雜穢的眾生時，為使其改惡向道所生的怪笑相；至於最上一面頂戴上師阿彌陀佛，象徵觀音修法的極至「花開見佛悟無生」，亦代表圓成十一地之佛果。

金色像在山巔最高處

　　靈鷲山的十一面觀音像，矗立於海拔387公尺的山勢最高
點，青銅鑄身、高15公尺，踏上十幾步石階，便可見到灰白色
基座上，於金色蓮華中綻現的十一面燦金聖像。似乎在眷顧朝
山見佛者——歡喜無量、智慧無量，悲心亦無量。

　　這尊十一面觀音造型別出心裁，迥異於世間常見
的法相，立像中心裝臟有五方佛像、千座佛牌、108
顆佛舍利、13部經典及袈裟等三寶聖物，周圍環列
供奉舍利塔108座。

　　踏上基座平台，可遠眺遙見臺灣東北角勝
景：包括臺灣全島極東處的三貂角燈塔和極
北點的鼻頭角燈塔，北方的福隆海岸及東
南方的蘭陽平原、龜山島，在此處皆一覽
無遺，接近300度俯瞰太平洋的超廣闊視
野，可謂臺灣之最，難怪每逢師父來到
此處便會說：「從這裡看出去，靈鷲
山就是一個島！」

　　一個寂靜之地、心靈之島。隔著
綠色山岡遙望，十一面觀音像恍如連
天碧草上，倒插的一柄閃耀金色光芒
的金剛杵……

十一面觀音聖像。

聖山寺
金佛園區篇

聖山寺緣起

生命紀念館

金佛園區

聖山寺緣起

玉佛來自緬甸，乃國寶級雕刻師窮盡四十五年心血的曠世傑作。這尊八尺白玉佛迎請回臺灣的過程離奇事件不斷，所經之處，甘霖沛然而降……

無生道場位於臺灣東北角風景線上，從臺北沿著福隆火車站往宜蘭方向的濱海公路前進六百公尺左右，首先出現在右手邊的寺院，就是「聖山寺金佛園區」重建計畫的預定地。這裡未來將供奉三尊經過當今泰國國王應准鎔鑄的十四世紀素可泰王朝的國寶金佛：成功佛、圓滿佛、平安佛。這象徵著靈鷲山與泰國佛教的深度友好關係，與台灣佛教在歷史發展的重要意義，這三尊殊勝無比的金佛進駐，將成為靈鷲山在北臺灣福隆一帶的心靈新地標，也是東北角最重要的心靈修憩、宗教藝術與人文的參訪勝地。

鼎盛一時的北部名寺

追溯起師父與聖山寺的因緣，那是在1983年，師父初至福隆時即曾經參訪聖山寺，當時聖山寺住持九十三歲的老和尚曾

「聖山寺金佛園區」預定地全景

對師父說：「你來拜我為師，聖山寺就讓你接管！」此時因緣
未具，師父沒有答應。而寺主吳春泉見師父是一位老實修行的
苦行僧人，後來便與師父商議說，老和尚若往生，他願意將聖
山寺讓與師父，唯一的條件就是要保持「聖山寺」一名。

　　聖山寺體倚臨荖蘭山，又立於山之東方，十分契合「聖」
字，故名聖山寺。寺院建於1946年，由阿國嬸——即吳春泉之
母啟建，直至1951年聖山寺始富盛名，人稱北部的福隆菜廟，
南部出家人北上行腳時，常於此處落單五、六日；甚至道教人
士與信徒，也因聖山寺之地理環境清靈脫俗，經常前來扶鸞、
行乩。1952年，吳春泉覺得不妥，即與當地道教人士共同商
議，於荖蘭山上開墾一處興建道教廟宇，即現今之「拱南
宮」，聖山寺乃成為純粹之佛教寺院。

　　從地埋上來看，荖蘭山東脈緩緩蜿蜒入平地，如一尾龍，

聖山寺供奉之玉佛——1989年，特由緬甸迎請入寺。

地理上含藏旺水，而聖山寺位於一水牛地理的中央位置；由於
山形地勢，雙溪不是直接入海，自然形成一水牛的輪廓，而聖
山寺就蓋在牛肚子上。早期的政商界名人將此地視為風水寶
地，屢次爭取未果，最後還是由有緣人取得。

離奇莫測的請佛之旅

　　1990年8月，聖山寺啟建大悲法會暨玉佛晉山大典，寺院
乃正式轉移為靈鷲山所屬。遷入聖山寺的玉佛來自緬甸，這與
一位從事佛像事業的王正義師兄有關。十年前師父的弟子王正

義在泰國經商，師父告訴他玉佛事業的因緣在緬甸，王師兄因此深入緬甸，篳路藍縷的尋覓礦山，開展他的事業。有一天，他發現這座由緬甸國寶級雕刻師烏甘性（緬甸姓名），整整耗費了四十五年光陰雕刻的八尺白玉佛像，馬上稟報師父。這尊由雕刻師從五十歲開始雕刻，一直到九十五歲才完成的曠世傑作，不知何故始終放在雕刻師家中，似乎長久等待著一個夙世因緣。師父得知消息後，即不假思索的表示希望能夠將此玉佛運回臺灣，供奉於聖山寺。

從1989年溽暑的六月天開始進行細節安排，一直到翌年玉佛才抵達聖山寺，這一段將玉佛從緬甸運回臺灣的過程，稱之為「離奇之旅」亦不為過！玉佛從緬甸雕刻師家中遷出，一直輾轉到十二月才運抵泰緬邊界，當夜眾人在邊界旅館住宿，準備於次日中午十二點將佛像運到泰國國境。說也奇怪，王正義當夜輾轉難眠，只好提早三、四個小時在清晨五點出發，玉佛則暫時安座在一株菩提樹下；正當交貨完畢十分鐘後，當地卻發生誤觸地雷而爆炸，造成死傷近千人，但一行人與玉佛已平安逃過一劫。

接著在預定的行程中，必須經過泰國的某條河道，然而由於多日乾旱，河道乾涸而無法運載；正當眾人束手無策之際，沒想到玉佛才剛抵達該地，瞬間傾盆暴雨洶洶而來，整條河床頃刻漲滿雨水，一百多人齊心合力調動大象及竹筏拖動玉佛，這才安然過河。接下來，玉佛每經一處或啟動出發時，必然大雨襲地捲天而來，甘霖普降。玉佛終於在隔年6月21日抵達基隆港，偏偏又巧遇歐菲莉颱風。運回到聖山寺時，福隆一帶已久旱不雨，法師們心中都覺得納悶：怎麼沿途多雨，回到本山

聖山寺常為靈鷲山大型活動的舉辦場地，例如：法會（上圖）、聯誼會（下圖）、兒童夏令營（右圖）。

卻反而沒有下雨呢？說時遲那時快，濃雲從天陲海角迅速湧聚
而來，霹靂聲大作，整個聖山寺、福隆一帶霎時籠罩在清涼大
雨中，彷彿龍天眾聖齊聲喝采……2008年初，玉佛從山下聖山
寺運到山上修繕當中的大殿時，全山白霧孃孃，山嵐煙雨瀰漫
天地，雨，這回又下了不止一個月！

今此玉佛供奉於總本山之開山聖殿，繼續護祐未來佛子開
示悟入佛之知見。

早期最大的平地活動空間

聖山寺原址八十坪，大殿約占二十坪，左右兩側為齋堂與
僧寮，再加上一個天庭廣場，早期為教團擁有最大平地空間的
地方。因此1990年玉佛駐錫聖山寺之後，聖山寺即陸續舉辦許
多活動，如首屆大專禪修夏令營、兒童禪修夏令營等，從此聖
山寺在許多年間，成為靈鷲山接引年輕佛子的轉接站。簡單樸
素的大殿，隨時可見正值青春年少的學子圍著法師，東一句西
一句問個不停，「生命的意義是什麼？」「生命形成的原因是
什麼？」「真的有上帝嗎？」這些令人困擾的問題，在此時傾
瀉而出，年輕的面龐上透出追尋真理的期待。

1991年，斷食閉關、戒會、短期出家等活動，也陸續在聖山寺揭開序幕。此外，因為聖山寺位居臺灣東北角濱海公路旁，車輛每每疾駛而過，交通意外事故頻繁，於是在2000年配合春季祭典舉辦濱海公路超度法會，超薦不幸因交通事故而身亡的罹難者。法會舉辦之後，依據當地警局紀錄統計，死亡事件數量竟然減少了一半。

　　時光荏苒，十幾年匆匆過去了，聖山寺的白漆牆壁逐漸剝落，木製地板因潮濕而多處翹起，每逢連日下雨，大殿宛如夜

市般擺滿各式各樣的塑膠桶，承接自屋頂滴淌而落的水珠，硬體的老舊朽壞讓聖山寺難再承擔起大型活動，近幾年來，外觀已呈老朽的聖山寺靜靜地等待著重生。2006年配合總本山「華嚴聖山」的啟動，聖山寺成為重點建設，大殿也於年底拆除進行重建，「金佛園區」的計畫，未來將在此處展現。不知是否冥冥中自有定數，從1946年啟建之初，即以「聖山寺」為名的這所寺院，走過一甲子之後再度成為「聖山建設」的一環，實是聖因緣成就。

聖山寺金佛園區設計圖。

生命紀念館

這是一座莊嚴清聖的生命美術館，顛覆傳統陰森的印象，
它具有發揚人文、生命教育、集善空間的多重功能。

不論是在任何的時間與空間，生命都應該受到美好的對待，讓佛法在每一個生命的接軌中得以延續。因此金佛園區的生命紀念館特別注重其蘊含的意義：1.發揚人文：具宗教神聖性、藝術感性與孝親倫理內涵；在視覺與軟硬體設計上，它有點類似一座莊嚴清聖的生命美術館。2.生命教育：學習生命更莊嚴神聖的課題：無私的付出、愛與珍惜當下。3.集善空間：生死是悟道良機，這裡並非悲傷哀嘆之地，而是還我本來面目的歡喜地；集眾善於一堂，聞佛歡喜清涼。

融入藝術、人文內涵與禪風

「生命紀念館」的位置，座落於原先聖山寺大殿左側，是一棟三層樓的磚紅色建築，外觀方正的棋格式石材牆面，呈現出亦雄渾亦清淨的禪宗法味，讓入館者都能體驗到一種放下自在的清涼感受；而館內主要裝飾，則融合藏傳佛教藝術之祥瑞圖像，散發出一股莊嚴、典雅氣息。

踏入館內，一樓地面鋪著象徵神聖無染的白玉石階，地上的墨紋大理石代表世間無常，與天花板上象徵佛國淨土的曼陀羅互相輝映。二樓是曼陀羅空間表象世界，以曼陀羅圖案繁複多變化的層次舒展，觀想生命節奏和宇宙能量的循環，與曼陀羅的中心相對應。三樓主題，是表達佛教「回歸本源」的生命內涵；在此，以梵天文化為創作構想，詮釋生命本質與精神，隱喻生命的本源終要回歸意識層面的原點。

本館於2003秋天，配合聖山寺秋季祭典而正式啟用，每年的清明、重陽，每月初一、十五皆有供養法會。

生命紀念館：如美術館般的外觀氣質（上圖），莊嚴典雅的二樓內廳（下圖）。

金佛園區

成功佛在兩個颱風伴隨下安然抵達，兩年後平安佛、圓滿佛再度鎔鑄贈與本山；由於感佩師父的廣大心量，泰國僧王以三尊國寶級金佛與靈山締結永世善緣。

聖山寺的改建計畫中，主要的硬體建築包含金佛殿、生命紀念館、善法大樓、見性樓、檀信樓，每一座建築都賦予不同功能的任務：金佛殿為主要殿堂——大殿，善法大樓為中型多功能大樓，見性樓為知客堂，檀信樓則為男、女信眾的住宿區。

其中最特別的是金佛殿，殿中將供奉三尊金佛，此三尊金佛來自泰國，分別是平安佛（Phata Sarsda）、圓滿佛（Pha Shinashi）、成功佛（Phra Phuttha Chinarat），三尊金佛都是結跏趺坐，左手禪定印，右手觸地印，神態寂靜柔和。泰國以佛教為國教，全國上自國王下至平民普遍信奉佛法，國家亦有複製佛像，贈送其他國家或相關宗教團體以示友好的習慣。而聖山寺金佛寺的三尊金佛，就是由泰國僧王智護尊者（H. H. Somdet Phra Nyanasamvara）所贈送的。

大象拖不動的奇佛

這三尊金佛，來自不同的寺廟：平安佛與圓滿佛供奉於僧王寺，成功佛供奉於泰國北部的彭士洛；三座佛像本為同時鑄造，但卻分處二地，未來靈鷲山的金佛園區正式啟用時，金佛三兄弟方能首次聚會一地。這三尊金佛的緣起，可推溯自1357年，當時泰國正值素可泰王朝時代，當時的朱沙卡拉國王十分尊崇佛法，更顧念皇朝在戰事期間殺戮太多、罪業深重，國王欲為國家與人民祈求平安、累積福德資糧，因此便決定重建「屈拍寫喃撻那馬哈撻佛寺」（今位於泰國鐵實路落府），並發願於皇宮中另蓋座一寺院，再鑄造三尊金佛供奉於其中。

在朱沙卡拉國王的誠意與發心下，二座寺院的重建、興建

工程很快便完成，但鑄造金佛的工作卻面臨一項難關：由於佛像是利用金、銀、銅、鐵、錫等五種金屬鎔鑄合成，在鑄造過程中必須有相當熟練的師傅在旁指導才能完成。國王特地邀請了五位名重一時的修行者，加上國內最優秀的繪畫師及鑄金師來參與，其中兩尊佛像都順利地鑄造完成，並且立刻迎請至宮中的僧王寺供養，不過第三尊因五金未能凝結而導致失敗。後來，國王請來更多的專家共同參與鑄造工作，仍然宣告失敗，專家們百思不得其解；最後在不得已情況下，國王決定暫停鑄佛工作，返回皇宮閉關二年，日日虔心祈禱懺悔。

兩年後的六月八日，朱沙卡拉國王焚香祈願，下令再度鑄造該佛像，這回鑄佛的工作居然意外地順利。成功金佛完成之後，國王用大象來運送金佛迎回皇宮，奇怪的是大象怎麼拖都拖不動，後來勉強拖動了，卻又總是拖回到原位。看到這種情況，人民立即跪下來請求國王將這一尊佛留在民間，讓人民也能夠去禮拜供養。國王慈悲地應允了，這一尊金佛當時留下來的地方，便是現在在泰北的彭士洛。

師父與泰國金佛的因緣始自1999年，師父赴泰宣揚世界宗教博物館的理念，首度與泰國僧王智護尊者（H. H. Somdet Phra Nyamasamvara）會晤。僧王早在1998年即曾聽聞臺灣有位心道法師十多年來致力於世界宗教之間的交流，提倡「尊重、包容、博愛」的理念，對此，僧王十分認同，因為這正是僧王長期來內心的企望。得知師父計畫籌建博物館後，僧王覺得應該送一份開館贈禮；在當時，僧王原先已備有一尊金佛，本欲作為泰國國王七十二大壽的賀禮，僧王思量後決定，要將金佛供養臺灣的靈鷲山，並將贈佛功德迴向給國王。僧王的睿智決

定，促成了靈鷲山與泰僧王第一次的交流。

世尊成道時的莊嚴寶像

這尊金佛內為青銅，外鍍純金，長五尺、寬三尺、重達百餘斤，佛眼微微下垂而笑，以結跏趺坐，雙手自然於臍前結禪定印；佛身散發金色光芒，似乎融入深沈的禪悅中，神情自在安詳，說不出的雍容寧靜……這是釋迦牟尼佛在菩提樹下成道時，降伏群魔之後所示現的莊嚴寶相。金佛壇座刻有代表僧王的御印圖文及親筆簽名，壇座上的僧王祝福語寫著：「刻苦耐勞，堅持走過一切障礙。」

西元2000年，八十六歲高齡的僧王於僧王寺區的瓦波蘭夫寺（Wat Bovoranives）中親自主持「贈佛儀式」，並派遣泰國前教育部副部長曹瓦霖（Mr. Chaowarin）等十名官員，一路護送金佛到臺灣。此次僧王致贈金佛的同時，泰王也共襄盛舉，另贈送一尊於1964年製造的銅佛。二王慷慨送二佛，這段軼事必然在靈鷲山的史冊上留下一頁。

金佛運送來臺時，適逢九二一大地震剛屆滿四個月，中部地區百廢待興、千頭萬緒；師父吩咐弟子先將金佛送至東勢，陪伴一千多個災民安度除夕。而一路參與的泰國前教育副部長曹瓦霖，認為心道師父是位難得的修行人，便誠意相告：「這一次由於雙方聚會時間太倉促，所以僧王把本來要送給國王的金佛捐給宗教博物館；事實上，在泰國的彭士洛那裡有一尊真正的國寶金佛——成功佛，完美莊嚴，若能請來靈鷲山作為鎮山之寶，那該有多好！何況，臺灣民眾對於金佛是多麼的喜愛與尊崇啊！」師父聽了十分開心，微笑表示贊同。

2000年，泰僧王致贈靈鷲山金佛，祝禮世界宗教博物館。

然而，要將國寶金佛送予外國並非簡單容易之事，在曹瓦霖副部長的奔走及僧王的大力促成下，短短時間內，一連串繁複的行政程序終於順利通過。核准通過的最重要理由有三個：一者，臺灣人民非常虔誠篤信佛教；二者，眾多泰國勞工於臺灣工作；三者，前次所贈之金佛，曾被優先請至地震災區慰佑災民，天人歡喜，足見心道法師之廣大心量，令人感動。於是靈鷲山的申請通過審核，獲贈一尊成功金佛。

　　依據泰國的法令與習俗，送出金佛的條件相當嚴格，除了申請行政程序的繁複外，尚須僧王核准、泰皇御批、總理同意，再由僧王主持鎔鑄儀式，泰國國家藝術廳監造，而且僧王年歲已高，尚於其九十大壽的慶典上親自主持成功佛的鎔鑄儀式，其所代表的意義特別深重。

　　2003年7月底，成功佛在兩個颱風的伴隨下安全抵達臺灣；兩年後泰僧王再次應允平安佛及圓滿佛的分尊鎔鑄來山，恰好為2006年啟動的華嚴聖山首期建設計畫，預備了大殿的主尊佛像。可見冥冥中自有定數，師父度眾生的悲心願力，感召護法聖眾從旁護持。

成功佛。

金佛園區，教育基地

　　2006年4月下旬，靈鷲山在泰國僧王寺啟建平安佛與圓滿佛頂髻鎔鑄大典，儀式在僧王寺副住持梵摩尼僧長（Phra Prommunee）以及16位高僧誦經祝福下進行。2007年底，梵摩尼僧長代表僧王來到靈鷲山，與心道師父共同主持「開啟和平盛世——靈鷲山金佛園區祈福聖典」灑淨儀式，表達僧王對三尊金佛即將在臺灣聚首的祝福與重視。

　　在不久的將來，位在福隆海濱，交通方便的金佛園區，將成為靈鷲山主要的信眾教育基地，承擔起信眾的教育、住宿及啟建法會等功能。聖山寺也從原本的地方寺宇，轉變成為接引全世界善信的佛法傳播基地。

圓滿佛（左圖）、平安佛（右圖）。

四大閉關中心篇

緣起

緬甸法成就寺國際禪修中心

尼泊爾密勒日巴聖窟禪修中心

美國科羅拉多閉關中心

加拿大溫哥華國際禪修中心

緣起

師父特別選擇在全球四個能量匯聚地設置禪修閉關中心，
作為四眾弟子靜修辦道、安頓身心的阿蘭若，讓聖山的能
量，廣大無私地輻射到世界每一角隅……

佛教的聖地，從古至今都是推動民間信仰的能量場，能讓
人生起道心、道念和資糧，如同佛陀當年的成道之地菩
提迦耶和初轉法輪的鹿野苑，如今莫不成為普天下佛門弟子頂
禮膜拜的聖地。而師父的一路行腳，從士林蘭花房一直到靈鷲
山無生道場，也呈現出一種移動式的聖跡，成為四方信眾的朝
禮動線。這些聖跡不只具有歷史上的紀念價值，更是佛子修行
參法的能量匯集地。

近年來，由於全球化潮流的衝擊，現代人工商生活忙碌，
社會中充斥著功利主義與倫常瓦解的困境，人類持續面臨全球
化浪潮下物質與靈性之間的失衡，許多毫無預警的天災巨變，
也引發出一連串對於生態維護與社會秩序的覺醒；文明正處於
精神上的荒蕪幻滅期，整個世界期待一種更圓融無礙的基石砥
柱，以作為安身立命之所在。鑑於以上因素，心道師父乃發願
將靈鷲山這處閉關體悟的緣起福地，作為四眾弟子弘法利生事
業的聖地，以華嚴「一即一切、一切即一」的世界觀，作為全
球化時代的一帖心靈良藥。

開山二十五年來，靈鷲山教團關注弘法利生的菩薩道，於
千禧年後，更積極以召喚心靈回歸的「華嚴聖山」，作為全球
三寶弟子及居士護法永續經營的家園。師父曾言：「自從有靈
鷲山開始，我就在做華嚴世界的事情，我們以這裡為基地，慢
慢讓華嚴的因緣成熟。」除了以總本山為核心的靈修場域之
外，心道師父特別選擇了全球四個能量匯聚的場域，設置禪修
閉關中心，作為四眾弟子安處辦道、成佛作祖的阿蘭若，以期
將聖山的能量，廣大無私地輻射到世界每一個角隅。這四處禪
修中心，分別為緬甸的法成就寺、尼泊爾密勒日巴聖窟禪修中
心、美國科羅拉多閉關中心及加拿大溫哥華國際禪修中心。

1995年，靈鷲山僧俗二眾赴印度佛陀閉關聖地——菩提迦耶——朝聖。

緬甸法成就寺國際禪修中心
──大金塔旁的雪白舍利殿

阿羅漢的故鄉、大金塔附近,這座雪白聖殿內供白玉三世佛,一百零八根雪白欄柱居高環繞,頂端安放舍利。這兒要蓋的是一份神聖,不是蓋大廟……

靈鷲山緬甸法成就寺國際禪修中心,位於緬甸的首都仰光,於2002年10月舉行灑淨儀式,2004年7月開工,經過多年的籌畫與興建,於2006年1月師父閉關期間完工。2007年4月7日舉行開光大典,心道師父親臨主法,並禮請一百零八位緬甸僧伽共同主持。

阿羅漢的故鄉

緬甸是師父的故鄉,童年時期親見羅漢飛越水潭的景象,埋下了日後慕道求法的種子。師父於開光大典時以感念之心說道:「我出生在上緬甸的臘戌,這裡給我佛法的哺育和啟發,讓我的生命一路走到今天,都受到佛的加持。感謝這樣深的因緣,讓我有機會再回來奉獻心力!」師父十三歲到臺灣,

緬甸大金塔。

三十三年後再回到緬甸，依止烏郭達臘大師，受傳羅漢戒；而後得遇烏南德巴拉法師，他將仰光最珍貴的大金塔旁的聖地贈與師父，希望師父能弘揚緬甸傳統的佛教精神。

　　除了這份特殊的因緣之外，緬甸自西元十一世紀初阿奴律陀建立蒲甘王朝起，便訂定佛教為國教。其後緬甸國王敏東，更於西元1871年召集二千四百名高僧於首都曼德勒，舉行史上第五次佛典結集，而1954年再度舉行第六次結集，對巴利文三藏經典進行嚴密核校，完成了《南傳大藏經》的彙編。至今，緬甸仍是一個全民信佛的國家，整個國家雖然貧窮，但在文化和風土民情上，卻含藏著厚實的佛教情懷與佛法滋養。作為一個佛教古國，緬甸保存了最珍貴的佛教經典與精神，在在處處都是實踐、修習佛法的好地方。

法成就寺外觀。

　　面臨全球科技化、普羅大眾消費概念的盛行，弘揚佛法遭受到更艱鉅的挑戰，現代人學佛的因緣亦日漸趨微，因此，師父在緬甸興建法成就寺，也是希望能透過全球各地的學佛弟子，將緬甸留傳下來的珍貴法教與質樸的佛法生活弘揚廣大。尤其緬甸擁有如此多實修的尊者與成就的羅漢，師父相信當我們看到這些聖者為了追求真理所做的奉獻時，就會更快激發出證悟佛法的決心毅力。

風吹鈴動的黃金佛國

　　靈鷲山緬甸「法成就寺國際禪修中心」，位於大金塔旁。大金塔是緬甸首都仰光的精神象徵，距今約有兩千五百多年的歷史。相傳該塔始建於公元前585年，由於兩位緬甸商人值遇成道的釋迦牟尼佛，他們將佛陀贈與的八根頭髮帶回緬甸獻予緬王奧加拉巴，緬王為安奉佛髮始建塔供奉，從此大金塔成為東南亞的佛教聖地，也是世界佛教緣起地的建築瑰寶。

法成就寺中供奉之三世佛。

　　大金塔頂尖有一顆碩大莊嚴的鑽石，在仰光從不同角度、時辰的任何地方，都能看到鑽石閃爍燦爛的光彩。大金塔於十四世紀後經歷代王朝擴建和塗金，如今的塔頂為一把巨大的金屬寶傘，寶傘上掛有一千零六十五個金鈴和四百二十個銀鈴，風吹鈴動，樂音傳送四方。寶塔四周環立著六十四座小佛塔和四座中塔，從四面八方簇擁著大金塔，形成莊嚴華美的金塔之林，當夕陽西下時景觀更加壯麗。

　　從靈鷲山法成就寺的西南面望去，便可以看見矗立在洗血湖畔、聖丁固達拉山上的大金塔。在大金塔的塔基平台上，常常可看見虔誠的信徒在莊嚴的塔林之中繞塔而行、參拜或靜坐，宛如一個神聖的黃金佛國。信眾在瞻禮古往今來之聖地、聖物時，往往能追溯感懷佛陀的悲智願行，感受不同時空下行者的身心世界，並獲得無上的祝福。

　　2006年初，師父前往剛落成的緬甸禪修中心閉關時，期間便每天前往大金塔繞塔、禪修，以修法、念經和整個環境連

結，期使未來禪修中心能接引更多佛子，成為現代人和平與真理的依靠，為全球人類帶來清淨、安樂與解脫。

舍利殿宇

法成就寺國際禪修中心，外觀為一棟四層樓建築，大殿挑高二層，頂端為緬式屋頂，室內鋪上木質地板，既明亮又天然，以便能更有效作各種空間運用。寺內供奉的主尊為三世佛，安座於主殿的禪堂中央，而三樓走道上豎立著108根雪白欄柱，柱身描繪金佛、頂端安放舍利，從四面居高環繞合抱著大殿主佛，宛然是靈山會上諸佛互相輝映的佛門道統，也呼應著師父攝導眾生同歸無生、啟動華嚴世界的本願！

法成就寺三樓走道的欄柱，及其頂裝之舍利子。

禪修中心的地下層，提供多功能大型聚會使用；屋頂則有一塔樓設計，為師父的禪修關房，周遭可供露天行禪、坐禪之用，樸實而簡單。除了地理環境上與神聖的大金塔相鄰，禪修中心附近還依傍著湖景林蔭，風景清幽，誠為十方信眾心靈依止之處，也是植福修慧的蘭若淨土。

要蓋神聖，而不是蓋大廟

「一踏到緬甸這塊土地時，有一種殊勝的感覺，這是因為神聖的關係。我們要創造的就是這份神聖，要蓋神聖，不是蓋大廟。我們打造這樣的聖山聖地，讓大家心靈得到淨化。」師父希望讓緬甸禪修中心，成為像臺灣靈鷲山一樣充滿清聖、靈感的地方。此外，禪修中心也提供一個安住的環境，以培育修行弘法的人才，未來將開設固定的課程，除了深研師父的禪法之外，也會委請緬甸當地禪修教師規劃套裝課程，以接引想要精進修法的行者，使他們能在清修的環境中，完整地體驗到禪修的精髓。

此外，緬甸禪修中心也可視為三乘佛學院的緬甸分院，同時也是靈鷲山在緬甸各項慈善計畫的聯繫中樞站：包括每年舉辦的供萬僧儀式、為了維護古老佛國的珍貴遺產所進行的聖蹟修復計畫，以及NGO組織「愛與和平地球家」在緬甸推廣的佛國種子計畫等，禪修中心都是其中的重要據點。

歷經八年的時間，克服了許多環境、氣候、人文上的難關之後，緬甸國際禪修中心迄今初具規模，未來將持續建設硬體與軟體，也有陸續發展基地的相關計畫，期望四眾弟子共同來護持這塊清淨的佛國聖地。

尼泊爾密勒日巴聖窟禪修中心
——蠻荒砂地中的清涼

緣於與密勒日巴尊者深厚的師徒緣，師父發願於尊者修行山洞附近建立禪修中心，提供各方人士一個修行閉關的靜心所。

尼泊爾禪修中心位於首都加德滿都郊區，基地中心就是密勒日巴尊者的修行山窟。密勒日巴尊者是心道師父最尊崇的大修行者之一，師父年輕時便已參讀尊者傳記無數遍，深深感佩透過刻苦修行而即身成道的尊者，每回聽到尊者的名諱

1995年印度大吉嶺參訪，心道師父於尼泊爾密勒日巴尊者聖窟禪坐之法相。

及苦行的事蹟，內心便感覺一份安定，道心也更加堅定勇猛。1976年，師父於宜蘭靈山塔閉關時，某次禪定淨觀之中，密勒日巴尊者示現授記成佛，賜號「普仁」，並預示未來修行上的障礙與成就。

即身成就的雪山苦行者

密勒日巴尊者，是西藏「實踐佛法」的修行者，他的作風和精神顯示出實修者的樸實、堅苦與精進，他的詩歌中處處說般若、談心性，讀來近似禪宗意境。尊者對佛法最偉大而特殊的貢獻，便是以自己的生平現身說法，並且成就密乘圓融法教，這種貢獻在佛教史上是獨特、也是空前的！

根據傳記，密勒日巴幼年時期，受到伯父、姑母的欺凌迫害，把家中財產搶奪一空，又逼迫他和母親、妹妹過著連奴僕都不如的日子。密勒日巴在母親的催促下，出外尋師學得恐怖的黑密法，殺死村中三十五條性命，又施放「降雹術」把村中辛苦栽種的麥子摧毀，成為村人眼中的邪惡咒術師，大家對他畏如蛇蠍，既恨又怕。幸而密勒日巴遇到了生命中的貴人——馬爾巴上師，從此命運完全逆轉，透過上師看似無理的要求以及無數艱鉅考驗，逐漸清淨惡業，並修習拙火成就法，在裂膚刺骨的雪山岩洞中長期斷食閉關，終於證悟本來面目，得到卓然不凡的即身大成就，成為後代千千萬萬修行者的楷模典範。

尊者的修行聖地，位於雪山一帶及尼泊爾境內，這個中亞喜馬拉雅山南麓的清靜國度，曾經是傳說中無數聖者的閉關、成就之地。尼泊爾位於古代中亞交通要塞，是來往天竺（印度）、西藏、中國的朝聖者或商旅的必經之處。至今仍有許多

旅人隻身前往，從文明世界來此自我沈澱與修行、尋回自我，也因此，尼泊爾境內山區處處可見靈修者的足跡，留下許多殊勝的傳聞與聖跡。

1985年，尚在斷食的師父，起程前往印度、尼泊爾等處朝禮佛陀聖地，期間於尼泊爾供養當地寺院喇嘛，獲回贈佛陀舍利。1997年12月，師父再度率領弟子至印度、尼泊爾展開「智慧之旅」。此行師父特別朝拜密勒日巴尊者之修行山窟，因為深切感念尊者之行誼，師父於此地徘徊駐足、就地供養修法甚久。山窟前方則為龍樹菩薩的修行平台地，還有一尊顯密共祖——龍樹菩薩的聖像，附近另有尼泊爾著名的宗教聖地「空行母之所」、「永不熄滅的火」、「永不停止的水」等聖跡。

延續尊者智慧之火

緣於與尊者深厚的師徒之緣，師父發願於尊者修行的山洞附近建立國際禪修中心，提供各方人士一個修行閉關的場所。同時，為了延續保存聖地命脈，師父以尼泊爾閉關中心為核心，盡可能保護附近居地免受城市化開發的破壞，以周延維護聖地的淳樸與自然完整性。

閉關中心周遭原本是砂石荒地一片，黃沙滾滾，因此，閉關中心的首要規劃便是進行環境整復及水土保持，沿地廣種植栽，進而著手土地測量、水電設施等。因此，雖然目前中心的建設進度仍持續執行中，但中心腹地已成為綠意盎然的生態景觀，呼應著聖山計畫中「環保共生」的主軸。而尼泊爾閉關中心將一整片禪修區納入規劃，未來將配合地形與自然景觀，形成一間間錯落於山林間的清幽禪房，與中心附近眾多的寺宇神

廟相互輝映，為遠道而來的行者提供一個清淨收攝、資糧具足
的實修環境。

　　靈鷲山以禪為宗風，師父深心期許，未來有更多國際弟子
和修行人士，能在此一天然殊勝的靈修聖地中洗滌塵染、淨化
心靈。

靈鷲山尼泊爾禪修中心。

美國科羅拉多閉關中心
——水晶岩層上的聖地

在有緣人引薦下，師父踏上這塊印地安古老聖地，海拔兩千多公尺的水晶岩層上，世界各地靈修者匯聚於此；師父親臨之日，天空雙道彩虹迎聖者……

心道師父長年於國際上進行宗教和平之旅，推廣「尊重、包容、博愛」的理念，多年來獲得各方迴響，並廣結各界宗教人士的善緣友誼。2000年9月初，師父受邀參與聯合國千禧年「世界宗教領袖和平高峰會議」，行程結束後，師父接受聯合國附屬組織和平大學校長莫瑞斯·史壯博士(Dr. Maurice Strong)及其夫人漢娜(Hanne Strong)的邀約，前往位於科羅拉多州的柯瑞斯東(Crestone)印地安聖地保護區參訪。

雙道彩虹迎聖者

正逢9月8日初秋，師父一行人驅車南進大峽谷區域，轉入柯瑞斯東大平原時正值黃昏時分，夕陽襯托靛紫的天色，一望無際的的平原接連著直達天際的聖山，雙道彩虹高懸在道路的上空，宛如迎接嘉賓的華麗拱門。與世界各地許多民間信仰一樣，根據印地安傳統，把虹霓視為聖者降臨的瑞象；這份緣起彷彿預示著師父與古老印地安族人的聖地，有著不解的善緣。

柯瑞斯東聖地保護區，位居海拔兩千多公尺，整個區域建立在水晶岩層之上，磁場感應力十分強旺，因而成為世界各宗教靈修者的熱門聚集處。廣大的平原山丘上，矗立著各式各樣的宗教聖殿，儼然一座世界宗教村。

師父曾與大眾分享在保護區中的感應，就如同當年駐腳宜蘭龍潭湖畔塚間修行地的磁場一樣好，是一修行絕佳的助緣地。而與史壯夫婦的互動中，彼此對於推動青少年心靈環保教育的任務，有著深刻的共鳴，因而，此行師父便發願在此聖地成立禪修中心，作為下一代學習自然生活、體驗心靈純淨的實修地。

靈鷲山科羅拉多閉關中心。

印地安族的睿智文明

　　科羅拉多禪修中心，位於被聖山環繞的廣袤平原中央，腹地涵蓋一處印地安人用來祭祀起火的聖壇。師父多年來的宗教交流經歷，與北美印地安原住民發生許多深刻動人的互動，師曾言：「印地安原住民將大自然當作母親，視萬物有靈，這是古老奧秘的智慧。所以我在各地演講的時候，都將印地安人這份與自然合為一體的文化推薦給大家，這是現代世界最珍貴和諧的環保文化，也是真的能長久持續的文明。」師父在這個閉關中心中融入了「愛與和平地球家」的大愛，希望延續世界宗教博物館的使命，繼續推動宗教對話以及靈修體驗的交流。

　　科州禪修中心的生活機能和物質條件，可以說是相當便利，因此吸引許多藝術文人及靈修人士長期駐留於此，他們或尋創作靈感，或滋養個人靈性，更常常聚在一起探討最近的修習體悟。因此，宛如聖城的柯瑞斯東保護區，逐漸成為宗教交流、參訪、對談的另一個平台，而靈鷲山國際禪修中心作為這個北美靈修社區一員，將持續在這裡推廣心靈環保，散播愛與和平的種子。

彩虹上師

搓我的影子成一把火燄，這樣我才能

化為光束的雨點向你頂禮，搥擊我傲慢的骨骸

為虛空之塵，如此我才能躺成謙卑的大地

承載你的足跡；你穿越幽暗的鐵獄苦城將我

從哭泣的流沙中捧起並賜我名姓，我跋涉

十萬個洪荒雷火來尋訪你眼中之泉、心中之鳥

那乘駕彩虹而來的人啊！我把血肉吹成一支筆，描摹

你虹外的身影，那把世界化為彩虹的上師啊！

沒有一顆星辰能與你匹配押韻；然而你微笑後離去

黑夜如雲垂覆，然而你從虛空之雲現身點燃我心中寂靜之炬

◎詩／劉洪順

加拿大溫哥華國際禪修中心
——尋訪真心的幽美地

位於卑詩省吉利華市的禪修中心，周邊不僅是自然景觀豐富的觀光勝地，適合觀星、淨化心靈，也是加拿大幽浮出沒最頻繁的地區之一……

於2004年10月師父參與溫哥華國際學術研討會時，曾就「聖蹟精神的再現與活化」一主題發表演講，其中提及：「聖蹟的意義不光只是外在的空間環境、形象與所謂『聖物』的組合，更重要的是這個聖蹟所承載的精神、價值與理念，並且能夠讓它活生生地展現。」這個觀念，正是海外四大閉關中心的成立宗旨，也是華嚴聖山所要弘傳的重要精神。

天外訪客的熱門旅遊景點

加拿大禪修中心，位於加拿大沿太平洋西部卑詩省的小城吉利華市(Chilliwack)，屬於卑詩省的第一大城市溫哥華境內，是一處自然景觀豐富的觀光勝地。由世界貿易組織（WTO）所辦的世界貿易大學（World Trade University）總部也選擇在吉利華市，於2006年9月開始招收學生。吉利華市長韓墨說，WTO將大學總部選擇在吉利華市，是因為認為此地的自然景觀非常適合當作教育學府，這群學生來自世界各國的一流城市，他們不再需要城市環境，菲沙河谷很適合他們。

溫哥華是華人的重鎮，也和臺灣的高雄結為姊妹城市，溫哥華華埠是三藩市之外，北美最大的唐人街，國語、粵語、中國各地方言在這兒都可聽見。此外，卑詩省被公認為加拿大境內幽浮出沒最頻繁地區之一，不但適合觀星，也是天外訪客喜愛的旅遊景點。

尋回真心的最佳橋樑

禪修中心的設計風格簡約莊嚴，以寬廣的格局展現宏觀的視野，並兼具科技與環保。未來在師父的帶領之下，禪修中心

將規劃為一座培育僧俗二眾禪修菁英的「禪修學院」，同時也是國際弘法人才與東西宗教文化的交流重鎮。

四大閉關中心，是心道師父送給大眾的心靈禮物。師父說：「真心沒有界限，而禪修是尋回真心最好的橋樑，能讓自己得到平靜、祥和，有充足的能量面對外境的苦痛。」除了已啟建開光的緬甸法成就寺之外，尼泊爾、美國科羅拉多與加拿大溫哥華的閉關中心，正在陸續建設中。希望未來來自世界各地的信眾與朋友們，都能夠蒞臨這些靈性空間，一同尋回愛與和平的心，並將這份真心逐步地擴展、放射出去，成為飄搖變幻的世局中，一份穩定和諧的強大力量，以及喚醒人類良知本性的一股清流、平安與喜樂……

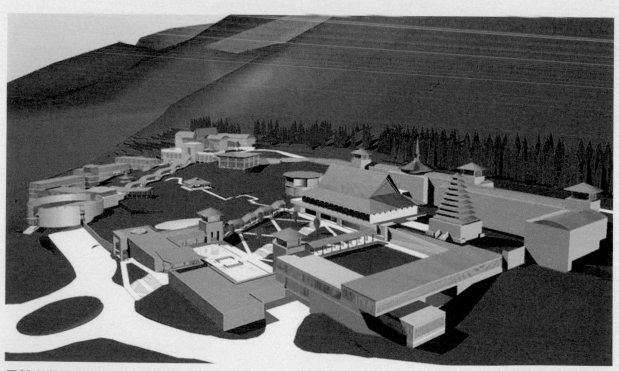

靈鷲山溫哥華禪修中心設計圖。

靈鷲山講堂篇

講堂緣起
講堂組織
地理環境
佛堂空間、設計
壇城與聖像
台南分院
講堂沿革變遷記事
(1989.11~2007.4)

講堂緣起

隨著四眾弟子殷勤接引,弘法活動如雨後春筍蓬勃發展,而講堂也由早期以「人」為主導的組織,逐漸轉型為實際辦法會、共修等活動的「空間場所」。

開山之前,心道師父即為眾多善信所護持,於宜蘭羅東、三重、新莊、基隆與桃園等地,皆遍佈無數靈鷲山的弟子。而自1984年「無生道場」啟建後,慕道善信朝山尋訪,更是絡繹不絕。在師父的耐心教育帶領下,靈鷲山四眾弟子不斷成長茁壯,面對這股新興榮景,師父與僧眾法師開始思索,如何將這難得的清淨能量善加耕耘,以為社會大眾培植福德智慧的永續資糧。

隨順因緣,1989年9月,師父指示成立靈鷲山護法會(原名籌組基金委員會);11月開始,於各地舉辦數場說明會(第一場說明會於羅東舉辦)。隔年年底,因緣早已成熟之基隆、新莊、羅東、蘇澳、士林等地,立即成立分會。

隨著四眾弟子不斷殷勤接引,臺灣中南部亦出現開展的契機,靈鷲山弘法活動開始於全臺蓬勃發展。

隨後二年,臺灣社會大眾,或因師父於當地之弘法開示,或因法會而結緣,各地分會如雨後春筍般紛紛成立,並擴大延伸到海外,至1995年,「印尼雅加達分會」、「紐約道場」亦應緣成立。

是人的組織,而非物的建設

在本質上,分會是「人」的組織,而非「物」的建設,所以,每個分會僅僅設立了聯絡定點,卻未必擁有會眾的共修空間。在早期,往往需要仰賴一些會眾慷慨發心提供自宅空間來啟建佛堂、中心,作為大眾共修、聯誼之場所。然而,除了一般會務討論,大眾對禪修、法會、佛經研讀等教育訓練,越來越迫切渴望,相形之下,臨時充當共修場所的小型家宅空間,

靈鷲山首座落成之海外講
堂：位於紐約曼哈頓區的One
Center道場（左圖）。

靈鷲山首座啟建之國內講堂：
台北新莊講堂（下圖）。

越益不敷活動使用。

　　有鑑於此，總本山便開始規劃籌備，協助分會各自尋找合
適地點租購、啟建講堂。隨後又經過組織改造，早期以「人」
為主導的「講堂」、「中心」，便逐漸轉型為實際辦法會、共
修等活動的「空間場所」。

講堂組織

目前全球共有二十五個聯絡據點,除了具備聯繫、交誼功能,各區講堂以大眾教育、修行為主要目的,總本山「無生道場」並派遣專任法師,常住於講堂指導……

迄今為止,靈鷲山全球聯絡處共有25個據點,其中,臺灣地區佔20處,臺灣本島之北、中、南、東部,皆有講堂的啟建設置;在組織發展上,習慣統分為北區、西區、中區、南區、東區等五區講堂。

至於海外地區,目前已啟建五處講堂,分別為:印尼雅加達中心、紐約One center道場、香港佛學會、泰國講堂,以及馬來西亞佛堂。其中大多數的海外講堂,均位於亞洲區域。

依據各講堂之建築硬體規模、地理統攝範圍,以及服務信眾之人數與需求,靈鷲山各聯絡處規模由大而小,基本上可分為「分院」、「講堂」、「中心」和「共修處」等四級。全臺目前有一個分院、八個講堂、五個中心、六個共修處。而部分海外講堂,或為沿襲啟建時已慣用的名稱,而稱之為「紐約道場」、「香港佛學會」。

除了具備聯繫、交誼功能外,各區講堂以大眾教育、修行為主要目的。總本山「無生道場」並派遣專任法師,常住於講堂指導,以提供信眾迅速、完善之服務。

靈鷲山全球聯絡處數量一覽表						
	臺灣全島地區					海外地區
	北區	西區	中區	南區	東區	
分院				1		
講堂	4	1	1	1	1	5
中心	2	1		1	1	
共修處	1	1			4	

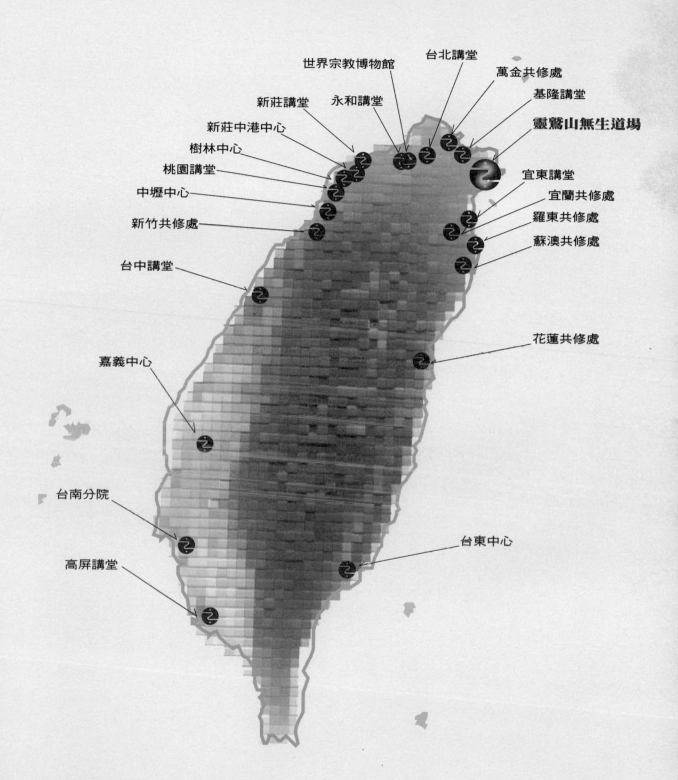

世界宗教博物館　台北講堂

新莊講堂　永和講堂　萬金共修處

新莊中港中心　基隆講堂

樹林中心　靈鷲山無生道場

桃園講堂

中壢中心　宜東講堂

新竹共修處　宜蘭共修處

羅東共修處

蘇澳共修處

台中講堂

花蓮共修處

嘉義中心

台南分院

台東中心

高屏講堂

地理環境

為方便接引大眾，講堂位置多處於都會核心地帶，以期充分融入當地人文風貌中，亦為大眾社區生活的心靈座標、煩囂中的清涼地。

接引現代人學佛，為靈鷲山講堂之設置宗旨。是故，配合時代需求，靈鷲山講堂大多位處都會市鎮核心地帶，以便能深入社會人群，方便弘法辦道，具備了都市叢林的功能與特色。

在國際視野上，紐約市、香港灣仔、臺北市信義東區，這幾個全球性的都會區裡，已建有靈鷲山的講堂可供市民、遊客朝訪、接觸佛法。而海外的其他講堂，亦多選擇在該國首府城市中啟建，目的也是方便接引眾生、廣結善緣。

位於永和SOGO百貨樓上
的靈鷲山永和講堂。

東區講堂閒適的自然風情：宜蘭共修處（左圖）。

宜東講堂（右圖）。

煩囂勞動中的靈覺處

　　而在臺灣本島，不僅臺北、高雄二市，或較早發展的各省轄市，新莊、桃園、中壢，這些目前人口已超過三十萬的城市，靈鷲山皆有講堂的設置，以就地服務都市大眾。這種「都市叢林」性格，使得「煩囂中的清涼、勞頓中的靈明」，成為靈鷲山講堂的共同寫照。

　　此外，「交通便捷」亦是靈鷲山講堂的地理位置特色之一。像是中壢、樹林二中心，特地設置於當地火車站附近，對於搭乘鐵運的大眾，出站後僅僅需要走一小段路即可抵達。由空間上綜觀，靈鷲山講堂多位於交通要道、四通八達的輻輳之處，或大眾交通工具必經的路線上，這是講堂籌備之初，大眾特意費心商議規劃的結果，目的不僅自利更為利他，希望能提供一個方便空間，利益後學之人親近佛法。憑藉這些努力營造之優越條件，各講堂期能凝聚修學，為當地社群啟建信仰中

2008年4月，於大安森林公園舉辦之「全民寧靜運動」即由靈鷲山護法會，以及北區、西區等講堂中心所共同協力承辦。

心，增益社會大眾的心靈與生活。

　　目前全臺北、西、中、南、東五區講堂，因其地緣關係、城鄉之地理人文特性，彼此之間相互合作又各具特色。因臺灣人口分佈比例之故，在北區講堂的數量最多，在東區，則承續心道師父宜蘭苦行的歷史，也發展出令人驚嘆的講堂密度。在中區、南區，各以臺中、臺南為輻射中心，為四周鄉鎮供養法乳，皆創造了空間規模最大之講堂。而在水陸法會、萬人禪修這兩個靈鷲山著名的大型社會弘化活動中，西區、東區當地人的誠摯熱情與無私奉獻，長期來，亦為大眾所津津樂道。

都市叢林中的心靈座標

　　大多數的靈鷲山講堂，為具備都市叢林之功能，難免擠身於地狹人稠的環境，位處大廈樓層之中，與商辦行號為鄰，看似不便卻好處多多。每有法會啟建或圓滿閉幕時，講堂執事經

———

常會到上下樓層「串門子」，邀請好鄰居隨喜參加或分送結緣供品；白領上班族亦經常利用午餐、下午茶時間，撥空前往講堂禮佛或禪坐。正所謂「大隱隱於市，小隱隱於山林」，都市煙硝中另闢清涼地，對於朝九晚五的忙碌上班族而言，或許這種彈性自在的禮佛參禪，更接近現代人的「生活禪」吧！

　　社區服務，是靈鷲山講堂的要務之一，而與社鄰的互動聯誼，意外地為各講堂增添不少活潑的生命力，形成其自身獨特的氣質。其他像是新莊地區與學校合作的佛學講座、小菩薩班，以及「母親節感恩——獎助學園遊會」；臺南分院的「愛在鳳凰城——弱勢關懷園遊會」、高屏講堂的「東港佛道聯合漁村祭典」，即是講堂與社區溝通對話、水乳交融的典範；萬金共修處的「萬金公路超度大法會」，更開啟了靈鷲山公路超度之先例。

　　至於其他講堂，因所處環境特性，發展出獨特的風貌。像依傍海港的基隆講堂，和位於SOGO百貨大樓、世界宗教博物館樓上的永和講堂，以及羅東運動公園旁的宜東講堂，長期來，已充分融入當地人文風貌中，亦為當地大眾社區生活中的心靈座標。

　　異於臺灣西半部平原帶上的講堂，東區各講堂和共修處，皆選擇城鎮郊區的一樓房子設置，與左親右鄰互動頻繁融洽，出入講堂，滿眼的油綠稻苗和青草香，令人心曠神怡，這無非是另一番田園式的閑靜風情。

　　靈鷲山各地講堂的地理位置，有都會風、田園趣，不避喧囂、不忘簡樸、更不離眾生，能因地制宜，將「人間佛法」的入世精神發揮得淋漓酣暢！

佛堂空間、設計

大多數講堂皆為一個樓層空間，門口以「靈鷲」圖案作為識別，室內設計以清淨素雅為基調，而莊嚴寧靜是其共同神韻。

靈鷲山講堂之空間大小，約從二十到二百坪不等，大多數講堂為一層之空間，其中，羅東共修處，位於地下室。少數講堂，例如紐約道場、臺南分院、基隆講堂，以及蘇澳共修處，皆擁有二層樓之共修空間；其中，紐約道場為獨棟之二樓建築。

以「靈鷲」作為識別標誌

空間規劃上，各講堂以方正寬廣的佛堂為主要活動空間，偶有隔間作為貴賓接待室、義職工辦公室與交誼室。各講堂的大門入口設計，或多或少受限於所處之建築環境，但仍能結合各地區的人文特質，各自展現出不同風貌，呈現出活潑多元的面相。雖然如此，「靈鷲」標誌卻是各講堂入門之共通印記。

初次走訪這些講堂，若無熟人領路，在陌生封閉的樓層間挨戶尋址穿梭，心中不免會忐忑；然而當雙眼猛然撞見那熟悉親切的「雙鷲」時，不論是金色或紅色靈鷲，總讓人瞬間釋然開懷，心中流溢出遊子返家般的溫馨感受。

清淨素雅為基調

各區講堂的佛堂設計上，四壁多為白色面牆，並以深褐色木材適度點綴；而佛堂地面，或採溫潤之檜木地板，或用光潔之磨石地板延伸鋪展。部分佛堂的玄關處，並靈活搭配明式雕欄屏風，增加古典禪風。四面八方以石木建材裝設的佛堂，外觀上自然質樸，深蘊禪意，為佛堂內部空間奠定了素淨清雅的基調。

各區講堂的佛堂一側，經常以直排落地窗為面牆，以便使

靈鷲山的logo為1990年，著名雕塑藝術家楊英風與師父反覆討論後所設計出。

佛堂採光充足。若逢晴天，陽光潑灑而入，佛堂空間常為金色
光輝盈滿，神聖莊嚴。落地長窗不但使佛堂空間更加顯得明亮
寬敞，也將戶外景象收納進來。某些位處高樓的講堂，白雲飛
鳥常在咫尺，或可俯眺山海大地，令人胸襟開闊，煩惱頓滅；
而位於一樓平地的講堂，每當禪修功課時，窗外車水馬龍、喧
囂忙碌，窗內人卻出息入息、盤腿攝心，一窗之隔互不干擾，
亦是生活禪的奇妙意趣。

　　另外，為了方便大眾得在共修之餘，促膝靜心，悠閒養
神，因此在落地窗的旁沿常設計可供人倚坐的空間，十分貼心
周到。

講堂落地窗。

講堂內的經書櫃。

佛經偈語助參法

　　各地的佛堂中，皆設置經書長櫃，供大眾請供流通，或共修使用。部分佛堂，善用空間內的樑柱障礙，懸掛七佛偈語、禪宗祖師法語，不但化突兀為圓融，並讓大眾可隨機參法，不時提攜眾人要精進修行。而講堂中所懸掛的心道師父法照，也為講堂寂靜的神聖空間，添加了一抹溫暖。

　　除了師父蒞臨開示，或遇法會、禪坐共修時的籌備工作而

泰國講堂一隅。

有繁華設置，平常時間，佛堂簡約點燃壇城燭燈、播放梵唄潮
聲，室內散發著空靈的氣氛調性。因而在平日，不論大型講堂
或小型共修處，都十分安詳寧靜。「寂靜」，成為靈鷲山所有
講堂的共同神韻。

　　出國造訪過海外講堂的人都有這個印象：紐約道場之別墅
林園風格，以及泰國講堂之泰式殿堂風格，在外觀上與臺灣地
區的講堂風格差異極大，別具異國情調，未嘗不是「於一身心
而現千手眼」、「國與別國，同圓種智」！

為服務更多的華人信眾，紐約One Center道場於2008年由曼哈頓搬至皇后區現址。

壇城與聖像

大部分講堂，皆供奉緬甸白玉雕刻的世尊像，觀音、地藏壇城隨列兩側，四大天王為護法神，擦擦、舍利塔與小金像點綴其間……

壇城為講堂的靈魂，空間神聖性的來源。在各區講堂嚴謹、細膩之構築下，為大眾共修處創造出多元化的壇城，儼如華嚴世界，豐富優美。

緬甸白玉佛尊貴柔美

除了宜東講堂、香港佛學會供奉觀世音菩薩外，靈鷲山各講堂、中心與共修處，以釋迦牟尼佛為主壇城之供奉聖像，而聖像材質又多為緬甸白玉玉佛。白玉之溫潤厚實，加上藍、紅、金色的緬式彩繪，使慈目垂顧的聖像，又添增幾分高貴與柔美。各講堂所供奉之玉佛，大小不一，仔細端詳玉佛法像，容貌神情亦有慈祥、安樂、肅穆、恬靜等細微差異。

配合主尊聖像的玉石質地，壇城壇台常採用簡單沈厚的檜木所製造的巨大方台或寬型桌案，視覺上產生一種渾然天成、安定攝受的效果。

除了大部分地點供奉玉佛之外，紐約道場、基隆講堂的泰

靈鷲山大多數的講堂主壇城供奉緬甸玉佛。

永和講堂的柬埔寨古銅佛
（左圖）及四大天王立柱
（下圖）。

國金佛、中壢中心的金身釋迦牟尼佛、臺東中心的法王子相，以及香港佛學會二米高的千手千眼觀音聖像，為其中較特殊之壇城主尊。更值得一提的是，坐鎮於永和講堂的柬埔寨古銅佛，銅佛之歷史近四百年，兼具宗教、歷史、藝術之價值，十分稀有難得。當初此尊佛像為世界宗教博物館館藏，在永和講堂啟建初時，眾人覺得銅佛與寬敞卻素簡的講堂空間十分相應，經由心道師父應可，於是將佛像移座至八樓的講堂。

觀音、地藏壇城隨列兩側

各佛堂主壇城後方，或懸掛唐卡、橙紅布幔，或以銅板、櫺格映襯，或為《心經》、〈大悲咒〉之字裱。主壇城兩側，則常懸掛「了了有何不了」、「生生還是無生」之對偈，長久以來，已是靈鷲人時時謹記奉行的修行心法。

除了主壇城外，多數佛堂並有布建觀音壇城與地藏壇城，二壇城並常於講堂啟建梁皇法會、水懺法會時，分別成為消災法壇及超度法壇。此外，各佛堂並多有安設韋陀菩薩、伽藍菩薩、財寶天王，以及四大天王聖像。菩薩護法之肖像，或為木雕、銅鑄、陶塑，形體線條，呈現出樸拙、工巧、威武、寂靜，或剛或柔等不同風貌，其中許多木雕聖像，更是特別延請鹿港雕刻老師傅，耗費多年時間才製作完成的。

永和講堂的「四大天王銅板浮雕合立柱」，以及臺北講堂入門的「四大天王檜木洞窟屏牆」，都令人駐足讚歎不已。自1997年臺東中心啟建，心道師父指示，以四大天王為靈鷲山講堂之金剛護法。從此之後，各地講堂啟建，皆遵照此法奉行。

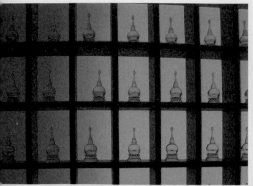

舍利光牆（左圖）。
金佛群台（右圖）。

擦擦：梵語音譯，意指一種泥塑之佛像或佛塔，又稱善業泥。

擦擦、舍利塔、小金像共襄盛舉

　　此外，在靈鷲山講堂中亦可常常見到擦擦、舍利塔、小金佛像等聖物。這些聖物常為講堂籌備期間，由信眾大德所結緣請供，待講堂落成後，繼續留置在該講堂佛堂供奉，久而久

之，便成為講堂中的一環景致。臺北講堂、新莊中港中心、台中講堂與臺南分院的擦擦磚牆，桃園講堂、高屏講堂，以及香港佛學會的舍利光牆，以及基隆講堂的金佛群臺，即為這類型之聖物陳列設計，並完成修法、裝臟，提供十方善信禮拜供養。其中尤以臺中講堂的「千佛窟」最為著名：擦擦拼磚及舍利塔密佈於佛堂內部空間，鑲嵌在佛堂壁面、柱身，緻密且規律，壯麗而殊勝。這是心道師父在臺中講堂啟建之初，特別囑咐的建築結構。

基隆講堂的主壇城：壇城供奉泰國金佛，金佛兩側並設有迦葉尊者、阿難尊者金身脅侍；壇城之金、紅色系布景則以「飛天」為呈現意象。

台南分院

分院啟建理念為華嚴世界「珠玉之網」展現,空間多處結構為圓或球型,全院內外空間之設計,採用「現代玻璃燒彩藝術」風格,莊嚴聖美。

於 1995年底,嘉南地區四眾弟子便開始為新講堂積極奔走尋找場地,2002年,位於長榮路現址的的臺南分院購入定案,經過四年多的建築規劃,終於在2006年落成。2007年3月,分院建開光大典暨華嚴寶懺法會,特地恭請心道師父蒞臨開光,靈鷲山第一座分院,於是便歡喜地在臺南市正式成立。

臺南分院座落於南市西區,位於商業大樓最頂端的第七、八樓,兩個樓層將房間隔板打通重新設計,室內總面積約四百坪。附近緊鄰臺南後火車站,以及成功大學、臺南文化中心等文教機構,生活機能與交通十分便捷。

臺南分院之啟建理念為「華嚴世界的『珠玉之網』」,空間多處結構為圓、球型,全院內外空間之設計,採用「現代玻璃燒彩藝術」風格。入口的門牆、地面皆由「清水模水泥」所舖建,入口的灰色石牆上懸掛「靈鷲山台南分院」的金色隸書字樣,而在地面板塊接合處,鑲嵌著彩色「琉璃銅雕」裝飾方塊;天然石材與琉璃、銅藝的完美結合,映襯出一種樸質堅韌、古典又不失現代感的素雅印象。

玉佛殿光輪蓋頂

分院七樓為玉佛殿,殿頂由整齊排列的深色木板平行鋪展而成,地面採用咖啡色原木地板,進入殿內,自然升起一股莊重祥和的寧靜感,令人頓生念佛聞法之心。殿頂九宮方格,各嵌裝一盞以擦擦飾邊的大型七彩輪燈,並有數十枚小崁燈錯落其間,如眾星閃爍,在地面投下點點珠玉星花。天花板的彩色吸頂圓燈,如一張由光雕的七寶華蓋,將來自淨土的無量寂光接引至玉佛殿內,燦爛披垂,置身其中,有如天雨曼陀羅華。

台南分院清雅的門面（上圖）。位於七樓的玉佛殿（下圖）。

　　玉佛殿主壇城上，供奉緬甸白玉佛，此為世尊之太子像，頂戴寶冠，結跏趺坐，氣度尊貴而華美。主壇城左右兩側，並安設地藏、觀音壇城，皆為白玉聖像。眾壇城兩側，並陳設直立式與懸吊式之宮廷燈籠，後方為擦擦拼塊之弧瓣牆面，環抱眾壇城；伽藍菩薩、韋陀菩薩之木雕立像昂然矗立兩端。整體設計凝聚了視覺焦點，達到攝心不亂的效果。

　　七樓空間，尚有安設財寶天王、四面佛壇城，並有精緻的佛教文物走廊，大眾來此禮佛參禪之餘，又多了一些選擇。

位於八樓的華嚴殿。

華嚴殿琉璃寶光四射

　　八樓為華嚴殿，如同一般寺院必不可少的法器，殿中備有左鐘右鼓，殿外前庭並有安置一個青銅香爐。華嚴殿的樓梯入口處，以馬賽克窗櫺作為玄關牆面；壇城對面一側，為中國式朱欄櫺門，外接前庭。殿內空間方整寬闊、靜謐澄亮。

　　華嚴殿供奉「華嚴三聖」，聖像為彩繪泥塑，是由山西國寶級師傅以古傳獨門技藝製作而成。壇城後方，金壁輝煌的〈大悲咒〉、《心經》玻璃彩繪，令人歎為觀止！而經咒內文行句間，又別出心裁地以「七彩古紋琉璃磚」為經文句讀，兼具裝飾與實用功能。

　　暖色原木地板上，同樣鋪著七彩琉璃磚，從壇城正中央一路延伸到大殿門口，將殿內空間整齊切割出左右二塊，猶如佛的額前放射出的七色寶光，或佛足化現而出的一條彩雨天花之路，既莊嚴盛美，又將東西單坐區巧妙隔開，匠心別具。

　　琉璃，依《般若經》所言，與金、銀、珊瑚、琥珀、硨磲、瑪瑙，同為佛門七寶，佛國淨土多以鮮花、琉璃鋪地或裝飾樓閣，清淨尊榮有別於世間財寶。華嚴殿以七彩琉璃裝飾壇

華嚴殿供奉華嚴三聖：毘盧遮那佛（中）、文殊菩薩（右）、普賢菩薩（左）。聖像為傳統山西彩繪泥塑。

城、鋪地成緞，設計者深具慧心巧思。三聖像後方的琉璃彩光傾瀉而下，與門外的天光融成一道寂靜之河，盤坐殿內，塵擾盡落，一念一蓮華。

華嚴殿外的前庭，是一座半圓形的露天空間，以庭園造景作為設計風格，可在此眺望附近高樓和遠景。地面並刻畫著象徵華嚴世界的同心圓軸，在古典雅致的景象中，亦透發出清聖圓融的精神。

全球的珠玉之網

自1984年，靈鷲山無生道場開山成立，心道師父展開廣大入世行腳，聖山建設亦同時啟動。隨著靈鷲山四眾弟子與各界善信不斷的慈悲與願力，從台灣各區講堂、中心，以及海外各地道場，到台南分院的啟建，靈鷲山各聯絡處在全球紛紛成立，經過廿五個年頭，至今，已開展出如「因陀羅網」珠玉輝映的美景，在無盡的法界中承擔起「傳承佛法，利益眾生」的弘法重責。

華嚴殿靜寧開闊的空間。

靈鷲山講堂
沿革變遷記事
(1989.11～2007.4)

1989
- ■11月　北區（大台北地區）籌備會成立；並於北市忠孝東路一段「禪緣屋」成立「北區分會聯絡處」。
- ■11月　東區（宜蘭地區）籌備會成立，於羅東鎮興東路成立「東區分會聯絡處」。

1990
- ■ 9月　全台各地籌組分會，包括基隆分會、新莊分會、士林分會、羅東分會、蘇澳分會等相繼成立。
- ■12月　西區（桃竹苗地區）籌備會成立，並於桃園市國際路成立聯絡處。

1991
- ■ 9月　東區共修總會於宜縣五結鄉中正路啟建開光。
- ■10月　首座講堂「新莊講堂」於北縣五股鄉五權三路啟建開光。
- ■11月　基隆中心於基市七堵明德一路啟建開光。
　　　　北區之北市中山分會、內湖分會、三重分會、五股分會、中永和分會、板橋分會，西區之桃園分會、中壢分會、新竹分會，中區之大肚分會、南區之高雄分會等陸續於該年成立。

1992
- ■10月　萬金分會成立，萬金共修處於萬里鄉萬里村啟建開光。

1993
- ■ 5月　方廣分會成立，嘉南共修處於南市崇德路啟建開光。
- ■12月　羅東講堂於（今羅東共修處位址）羅東鎮興東路啟建開光。

1994
- ■ 1月　台北講堂於北市南京東路五段啟建開光。
- ■ 1月　羅東講堂更名為東區講堂，後再更名為宜東講堂。
- ■ 1月　桃園講堂於桃市國際路啟建開光。
- ■ 7月　高雄聯絡中心（原址高市大豐二路）搬遷新址高市臥龍路，啟建開光，後並更名為高屏中心。
- ■11月　台中講堂於中市福立街啟建開光。
　　　　截至本年，新店、土城、三芝、平鎮、林口、大園、頭份、台中、西屯、潭子、仁德、恆春等地，已有分會成立。

1995
- ■ 4月　第一座海外講堂「靈鷲山印尼雅加達中心」成立；六月，啟建開光大典。
- ■ 4月　靈鷲山紐約One Center道場啟建開光。
- ■12月　基隆中心搬遷新址基市義二路，啟建開光。

1996
- ■ 6月　嘉南共修處升格為中心，並搬遷新址南市安和路，啟建開光。
- ■ 7月　花蓮共修處於現址花縣吉安鄉仁里八街啟建開光。
- ■11月　萬金共修處搬遷至現址萬里鄉萬里村啟建開光。
- ■12月　台中講堂搬遷新址中市美村路，啟建開光。

1997	■ 1月	高屏講堂於現址高市中正二路啟建開光。
	■ 2月	台東中心於現址台東市志航路啟建開光。
	■10月	桃園講堂搬遷至現址桃市中正路，啟建開光。

1998 ■11月 中壢中心於現址中壢市裕民街啟建開光。
　　　　■11月 嘉義中心於嘉市嘉北街啟建開光。

1999 ■ 1月 基隆中心升格為講堂。
　　　　■ 4月 永和中心於永和市福和路啟建開光。
　　　　■ 5月 樹林中心於樹林迴龍中正路啟建成立（後喬遷至隔棟建築）。
　　　　■ 7月 台中講堂搬遷至現址中市東興路三段，啟建開光大典。
　　　　■10月 宜蘭共修處於現址宜市東港路啟建開光。
　　　　■11月 新莊中港中心於現址北縣新莊市中安街啟建開光。

2000 ■11月 新竹共修處於現址竹市興中街啟建開光。

2001 ■ 4月 靈鷲山香港佛學會中心啟建開光。

2002 ■ 4月 因地震，建築體毀損，台北講堂臨時搬遷至北市光復南路觀自在道場。
　　　　■ 6月 嘉義中心搬遷至現址嘉市吳鳳北路啟建開光。
　　　　■ 7月 永和講堂於現址永和市保生路啟建開光。

2003 ■ 1月 台南中心搬遷至現址南市長榮路；同年七月，台南中心升格為講堂， 後又升
　　　　　　　 格為分院。
　　　　■ 2月 台北講堂搬遷至北市信義路四段新址，啟建開光。
　　　　■ 5月 宜東講堂搬遷至羅東鎮公正路啟建開光，原址啟建羅東共修處。

2004 ■ 6月 基隆講堂搬遷至現址基市義一路，啟建開光。

2005 ■ 3月 靈鷲山馬來西亞佛堂於吉隆坡啟建開光。

2006 ■ 6月 因紐約都市拆建計畫，靈鷲山紐約One Center道場遷移至現址紐約皇后區，
　　　　　　　 並啟建喬遷祈福法會。

2007 ■ 3月 台南分院啟建開光大典。
　　　　■ 4月 靈鷲山紐約One Center道場啟建開光大典。

2008 ■ 8月 宜東講堂搬遷至新址宜蘭市中山路一段。
　　　　■ 8月 靈鷲山印尼雅加達中心搬遷新址。

國家圖書館出版品預行編目資料

靈鷲山誌. 寺院建築卷 / 靈鷲山佛教教團文
獻中心等編輯.——初版.——

臺北縣永和市：靈鷲山般若出版，2008.08

面；　公分

ISBN 978-986-84129-6-5（精裝）

1.靈鷲山佛教教團 2.佛教團體 3.寺院

220.6　　　　　　　　　　　97011181

靈・鷲・山・誌
寺院建築卷

總 監 修	釋心道
總 策 劃	釋了意
編 審	靈鷲山文獻中心
顧 問	周本驥、顏素慧
主 編	釋法昂
潤 稿	劉洪順
執行編輯	陳俊宏、周瑞幃
封面設計	王鳳梅
美術設計	王鳳梅
圖片提供	靈鷲山攝影組義工、陳丁林
發 行 者	財團法人靈鷲山般若文教基金會
發 行 人	歐陽慕親
出 版 者	財團法人靈鷲山般若文教基金會附設出版社
網 址	www.093.org.tw
法律顧問	永然聯合法律事務所
地 址	23444台北縣永和市保生路2號17樓
電 話	（02）2232-1008
傳 真	（02）2232-1010
總 經 銷	成信文化事業股份有限公司
地 址	23148台北縣新店市中正路四維巷二弄2號4樓
電 話	（02）2219-2080
傳 真	（02）2219-2180
劃撥帳戶	財團法人靈鷲山般若文教基金會附設出版社
劃撥帳號	18887793
初版一刷	2008年8月
定 價	600元
ISBN	978-986-84129-6-5（精裝）